DEMOCRACIA E DIREITOS HUMANOS EM TEMPOS DE OVOS DE SERPENTE

DURVAL ÂNGELO ANDRADE

Prefácio
Nelson Missias de Morais

Posfácio
Dom Vicente Ferreira

DEMOCRACIA E DIREITOS HUMANOS EM TEMPOS DE OVOS DE SERPENTE

1ª reimpressão

Belo Horizonte

2022

© 2021 Editora Fórum Ltda.
2022 1ª Reimpressão

É proibida a reprodução total ou parcial desta obra, por qualquer meio eletrônico, inclusive por processos xerográficos, sem autorização expressa do Editor.

Conselho Editorial

Adilson Abreu Dallari
Alécia Paolucci Nogueira Bicalho
Alexandre Coutinho Pagliarini
André Ramos Tavares
Carlos Ayres Britto
Carlos Mário da Silva Velloso
Cármen Lúcia Antunes Rocha
Cesar Augusto Guimarães Pereira
Clovis Beznos
Cristiana Fortini
Dinorá Adelaide Musetti Grotti
Diogo de Figueiredo Moreira Neto (*in memoriam*)
Egon Bockmann Moreira
Emerson Gabardo
Fabrício Motta
Fernando Rossi
Flávio Henrique Unes Pereira

Floriano de Azevedo Marques Neto
Gustavo Justino de Oliveira
Inês Virgínia Prado Soares
Jorge Ulisses Jacoby Fernandes
Juarez Freitas
Luciano Ferraz
Lúcio Delfino
Marcia Carla Pereira Ribeiro
Márcio Cammarosano
Marcos Ehrhardt Jr.
Maria Sylvia Zanella Di Pietro
Ney José de Freitas
Oswaldo Othon de Pontes Saraiva Filho
Paulo Modesto
Romeu Felipe Bacellar Filho
Sérgio Guerra
Walber de Moura Agra

FÓRUM
CONHECIMENTO JURÍDICO

Luís Cláudio Rodrigues Ferreira
Presidente e Editor

Coordenação editorial: Leonardo Eustáquio Siqueira Araújo
Aline Sobreira de Oliveira

Rua Paulo Ribeiro Bastos, 211 – Jardim Atlântico – CEP 31710-430
Belo Horizonte – Minas Gerais – Tel.: (31) 2121.4900
www.editoraforum.com.br – editoraforum@editoraforum.com.br

Técnica. Empenho. Zelo. Esses foram alguns dos cuidados aplicados na edição desta obra. No entanto, podem ocorrer erros de impressão, digitação ou mesmo restar alguma dúvida conceitual. Caso se constate algo assim, solicitamos a gentileza de nos comunicar através do *e-mail* editorial@editoraforum.com.br para que possamos esclarecer, no que couber. A sua contribuição é muito importante para mantermos a excelência editorial. A Editora Fórum agradece a sua contribuição.

Dados Internacionais de Catalogação na Publicação (CIP) de acordo com a AACR2

A553d	Andrade, Durval Ângelo Democracia e direitos humanos em tempos de ovos de serpente / Durval Ângelo Andrade. 1. Reimpressão. – Belo Horizonte : Fórum, 2021. 148p. : il. ; 14,5cm x 21,5cm. Inclui bibliografia e anexo. ISBN: 978-65-5518-265-1 1. Direitos Humanos. 2. Políticas públicas. 3. Filosofia. 4. Educação. 5. Ciências do Estado. 6. Democracia. I. Título.	
2021-3342	CDD: 341.4 CDU: 341.4

Elaborado por Vagner Rodolfo da Silva – CRB-8/9410

Informação bibliográfica deste livro, conforme a NBR 6023:2018 da Associação Brasileira de Normas Técnicas (ABNT):

ANDRADE, Durval Ângelo. *Democracia e direitos humanos em tempos de ovos de serpente*. 1. Reimpr. Belo Horizonte: Fórum, 2021. 148p. ISBN 978-65-5518-265-1.

Aos meus filhos e netos, para que nunca percam a indignação ante a intolerância, nunca aceitem as coisas como estão; sempre tenham coragem de mudá-las. Também nunca deixem de manifestar a solidariedade com os que sofrem qualquer forma de injustiça e discriminação. Finalmente: que a esperança os anime sempre nesta longa e difícil jornada.

AGRADECIMENTOS

À Adriana do Carmo, Mestre em Comunicação Social pela PUC Minas, servidora da ALEMG, e à Taciana Nogueira de Carvalho Pieroni, Mestre em Ciências Jurídicas pela PUC-Rio, da linha de pesquisa em direitos humanos, professora universitária e servidora do TCEMG, pelas parcerias e revisão deste trabalho.

Ao estagiário João Pedro Braga de Carvalho, graduando em Ciências do Estado na UFMG, pela digitação e organização do livro, como também pela elaboração do roteiro das aulas.

À FAJE – Faculdade Jesuíta de Filosofia e Teologia, pelo convite para ministrar este minicurso de Democracia e Direitos Humanos em seu programa de extensão.

Aos amigos e parceiros desta obra uma gratidão de coração pela amizade e inspiração que nos encoraja sempre: Leonardo Boff, teólogo e escritor; Nelson Missias de Morais, ex-presidente do Tribunal de Justiça de Minas Gerais; e Dom Vicente Ferreira, bispo auxiliar da Arquidiocese de Belo Horizonte.

A esperança tem duas filhas lindas. A indignação e a coragem; a indignação nos ensina a não aceitar as coisas como estão; a coragem a mudá-las.
(Santo Agostinho)

Democracia
Quando ouvi os gritos,
Tampei meus ouvidos.
Quando senti a fumaça,
Cobri meus olhos e nariz.
Quando o sangue respingou em mim,
apenas lavei minhas mãos.
Quando a minoria estava nas ruas,
tranquei-me na sala e liguei a tv.
Enquanto o governo coagia,
e a polícia batia, minha omissão falava.
Com a coleira de ajuda e salários mínimos,
a sociedade me oprimia.
Só percebi que o caminho não tinha mais volta,
quando amanhecia o dia.
Manchetes de jornal em sua maioria,
são sempre as mesmas e vazias.
Eu morria sem envelhecer,
escravo de um sistema brutal,
disfarçado de democracia.
A ilusão vendida a conta-gotas,
esmola para mentes vazias,
e isto sem perceber, havia me custado uma vida.
(Pablo Gabriel Ribeiro Danielli)

SUMÁRIO

PREFÁCIO
Nelson Missias de Morais 15

INSPIRADOR DE PRÁTICAS DESTEMIDAS
Leonardo Boff 17

APRESENTAÇÃO
Durval Ângelo Andrade 19

O QUE SÃO DIREITOS HUMANOS? 23
    Nota introdutória 23
    Direitos de todas e todos 24
    Breve histórico 25
    Cilindro de Ciro 25
    Grande Carta 25
    Petição 26
    Declaração de Independência dos Estados Unidos 26
    Primeira Constituição 26
    Liberté, egalité, fraternité 27
    Convenção de Genebra 27
    Declaração dos Direitos do Povo Trabalhador e Explorado 27
    Nações Unidas 28
    Declaração Universal 28
    Lei Internacional 28
    Tratados 29
    Convenção Europeia 30
    América, África e Ásia 30
    Violações de Direitos 30
    Direitos dos presos 31
    Princípios dos Direitos humanos 32

POLÍTICAS PÚBLICAS EM DIREITOS HUMANOS 35
    Direitos sob ataque 36
    O papel da mídia 38
    O princípio da dignidade humana 40
    Políticas públicas e a Constituição 42
    Políticas públicas em Minas 44
    1) Programa de Proteção a Vítimas e Testemunhas Ameaçadas – Provita/MG 45
    2) Núcleo de Assistência às Vítimas de Crimes Violentos – NAVCV 45
    3) Centros de Referência LGBTQIA+ 46
    4) Campanha Proteja Nossas Crianças – Maio Laranja 47
    5) Programa Fica Vivo! 48
    6) Ouvidoria de polícia 49
    7) Escritório de Direitos Humanos – Casa de Direitos Humanos 50
    8) Escola de Formação em Direitos Humanos (EFDH) 51
    9) Promotorias de Direitos Humanos – CAO-DH 51
    10) Promotorias de Defesa da Saúde 52
    11) Casa da Cidadania – Dois contra o mundo 53
    12) Mediação de conflitos 53
    Judiciário revela grande sensibilidade 54
    Novos Rumos para a Execução Penal 55
    Programa PAI-PJ 56
    Desafios ainda são muitos 57

DESVENDANDO O MAPA DOS DIREITOS HUMANOS EM MINAS ... 63
    Uma nova economia é possível 65
    A culpa é dos direitos humanos? 67
    O olhar que quer ver 69
    Um mapa dos direitos 73
    O olhar que quer agir 74
    Pelo ralo da corrupção 77
    Do sonho à realidade 78

A REALIDADE BRASILEIRA 81

EDUCAÇÃO EM DIREITOS HUMANOS 97
    Retrovisor histórico 101
    Interpelações éticas e legais 103
    Políticas públicas 105
    Universidades: avanços e deficiências 107

POSFÁCIO
Dom Vicente Ferreira 111

REFERÊNCIAS 117

ANEXO I
PESQUISA ANALISA AVANÇOS E RETROCESSOS EM POLÍTICAS DE DIREITOS HUMANOS NO BRASIL
Paulo Andrade 121

ANEXO II
INDICADORES DE DIREITOS HUMANOS EM MINAS 127

PREFÁCIO

Embora haja registros históricos, mesmo anteriores à Era Cristã, de teses e documentos de filósofos e autoridades manifestando preocupação com a preservação da dignidade humana, o tema só adquiriu relevância jurídica e política no mundo moderno após conhecidas as atrocidades cometidas durante a II Grande Guerra.

Foi sob o impacto de tais acontecimentos que as nações dominantes se organizaram em torno de um ente, a Organização das Nações Unidas (ONU), e em 1948 editaram o documento conhecido como Declaração Universal dos Direitos Humanos, que desde então tem pautado as constituições e outras leis orgânicas das nações democráticas.

A relevância institucional do documento e a clareza de seus artigos, todavia, não foram suficientes para que a humanidade se compenetrasse da essencialidade de cumprir tais mandamentos, tanto que a história de mais de sete décadas de sua edição tem sido marcada pela imoral repetição de desrespeitos aos mais comezinhos direitos do ser humano.

Não apenas por esta razão, mas também por ela, é muito oportuna a publicação deste livro de Durval Ângelo, que prezo poder chamar de amigo, por estar vindo à luz num momento em que há no Brasil fortes ameaças à democracia e, consequentemente, à dignidade humana.

Aliás, recentemente, o Papa Francisco advertiu o mundo sobre a dimensão real dos direitos humanos ao proclamar que "os direitos humanos são violados não só pelo terrorismo, a repressão, os assassinatos, mas também pela existência de extrema pobreza e estruturas econômicas injustas, que originam as grandes desigualdades".

Resultado de curso universitário de extensão ministrado pelo autor, a obra mergulha na pré-história das preocupações com o tema e atravessa toda a história, com ênfase nos dias atuais, sempre embasada na legislação criada e em demais iniciativas positivas, mas também sem ignorar o registro e a condenação das violações, marca da atuação política do autor.

Saúdo e recomendo com alegria, portanto, a publicação e permito-me encerrar lembrando o grande escritor português José Saramago, que, ao receber o Prêmio Nobel de Literatura, em 1998, propôs a edição também de uma "Carta Universal dos Deveres e Obrigações dos Seres Humanos", que seria complementar à Declaração Universal dos Direitos Humanos. Disse ele, na ocasião, que "com a mesma veemência e a mesma força com que reivindicarmos os nossos direitos, reivindiquemos também o dever dos nossos deveres".

Como ele, também acredito que o mundo se tornaria um pouco melhor se cumpríssemos o primeiro artigo desse novo documento, que seria o "dever de respeitar o direito de todo ser humano".

Nelson Missias de Morais
Desembargador,
ex-Presidente do Tribunal de Justiça de Minas Gerais.

INSPIRADOR DE PRÁTICAS DESTEMIDAS

Com *Democracia e direitos humanos em tempos de ovos de serpente* estamos diante de um livro singular, nascido de uma prática coerente, refletida com profundidade e movida por uma mística de respeito pela sacralidade da vida humana, especialmente dos mais desprotegidos da sociedade.

Seu autor, Durval Ângelo Andrade, é um nome notável em Minas Gerais e no Brasil pelo seu empenho pela causa dos direitos humanos. Foram 30 anos de comprometimento como cidadão e político e 15 anos à frente da Comissão de Direitos Humanos da Assembleia Legislativa de Minas Gerais, na qual foi deputado por seis legislaturas. Por sua atuação corajosa levou muitos criminosos e violadores de direitos humanos às barras dos tribunais.

Está ainda pagando um alto preço por sua atuação, pois, por anos, está sob proteção policial, dadas as ameaças que sofre. Nem por isso esmorece seu ânimo, limita sua liberdade e arrefece seu compromisso. Pela cultura teológica que possui, pois foi também, como leigo, professor de teologia, se sente na palma da mão de Deus e se entrega, confiante, à sua proteção.

O singular desta obra é a articulação inteligente que faz entre uma prática de toda uma vida com reflexões bem fundadas e contextualizadas no quadro da atual situação do Brasil, marcada por um radicalismo político de extrema direita, pela violência simbólica nas mídias sociais e pela violência real especialmente contra os que vivem nas periferias pobres, particularmente jovens, negros e mulheres.

O seu moto, extraído do profeta Isaias, revela o rumo de sua explanação: "Chocam ovos de víboras e tecem teias de aranha; quem come seus ovos morre; esmagados, saem deles serpente". A realidade atual sob um governo que não cumpre seu dever principal, que é cuidar da vida do povo, dá consistência a estas palavras do profeta.

Vale ler este livro de extrema atualidade e inspirador de práticas destemidas em favor da dignidade humana, especialmente dos condenados e ofendidos de nossa sociedade. Seguramente animará outros por esta mesma senda.

Leonardo Boff

APRESENTAÇÃO

*Chocam ovos de víboras
e tecem teias de aranha.
Quem come seus ovos morre;
esmagados, sai deles serpente.*

(Isaías 59,5)

Como tão bem expressa a sabedoria popular no velho e surrado adágio: "quem planta vento colhe tempestades". Verdade tão atual em tempos de governo fascista no Brasil de sombrios dias. Ainda teremos muitas tempestades pela frente para enfrentar nestes dois anos.

Poderia aqui abordar erros dos governos democráticos populares (Lula/Dilma), com ações e políticas de conciliação de classes, ou dos oitos anos do governo de um perseguido pela Ditadura Militar (Fernando Henrique Cardoso), que não iniciou um encontro do Brasil com os 21 anos da ditadura, não punindo quem reprimiu e torturou homens e mulheres que cometeram crimes de sonhar a liberdade. Ou ainda da manipulação dos movimentos de rua de 2013, que exigiam bandeiras pseudamente democráticas (redução das passagens, não vai ter copa, saúde padrão FIFA, sem partido, verde amarelo), ou até quem sabe o fato de um candidato de Minas a Presidente da República não ter aceitado o resultado das urnas. Poderia também abordar as motivações do *impeachment* de uma presidenta honesta que foi Dilma Rousseff. Não quero ir por estas searas para mostrar que o ovo da serpente chocado nestes momentos históricos vem produzindo suas crias no Brasil atual, seja por omissão ou ação dos governos pós-ditadura militar. Estamos colhendo muitas tempestades. Redução da agenda de direitos humanos e crise da covid são bons exemplos.

No trabalho que apresento a partir de um convite da FAJE (Faculdade Jesuíta de Filosofia e Teologia) para um minicurso de educação a distância com o tema provocante de democracia e direitos humanos, acontecido em junho de 2021, tenho como ponto de partida a minha experiência em pastorais sociais na Igreja Católica que se organizavam em função da negação destes direitos a migrantes, operários, pequenos proprietários rurais e trabalhadores sem terra, crianças e adolescentes, movimentos de sem-teto, encarcerados, prostitutas ou ainda nas lutas por saúde, educação e direitos humanos. Dentro da perspectiva pastoral/teológica de que o rosto de Cristo se manifestava nestas "massas sobrantes" do sistema capitalista, como expressa o Evangelho de Mateus 25,40: "Em verdade vos digo: cada vez que o fizestes a um desses meus irmãos mais pequeninos, a mim o fizestes". O rosto vivo de Cristo presente nos excluídos e marginalizados do sistema.

Carrego ainda a minha vivência de 30 anos de mandato eletivo, como vereador e deputado estadual, pelo Partido dos Trabalhadores (PT), sempre atuando nas temáticas dos direitos humanos, e o meu esforço de que as políticas públicas deveriam se concretizar nas conquistas desses direitos negados como essenciais para a concretização de um Estado Democrático de Direito, que tem como fundamentos a "cidadania e a dignidade da pessoa humana", onde os objetivos definidos no artigo 3º da própria Constituição Federal estabelecem:

I - construir uma sociedade livre, justa e solidária;
II - garantir o desenvolvimento nacional;
III - erradicar a pobreza e a marginalização e reduzir as desigualdades sociais e regionais;
IV - promover o bem de todos, sem preconceitos de origem, raça, sexo, cor, idade e quaisquer outras formas de discriminação.

Em tempos de fascismo que já começaram a chocar os ovos da serpente no Brasil de Temer/Bolsonaro, alguém pode até chamar estes objetivos da República Federativa do Brasil, expressos na Constituição Federal de 05.10.1988, como "delírio comunista". Só que é o texto de uma Constituição Federal liberal e até tímida para reformas mais profundas na estrutura agrária e econômica do País que ainda nos relega ao triste lugar de sermos uma das nações mais desiguais do mundo. A aclamada constituição cidadã, infelizmente, não garantiu a cidadania para todos e todas.

Direitos humanos que estão sendo sistematicamente fragilizados e até negados por um governo autoritário, com claros contornos fascistas, tanto na forma como no conteúdo, que sempre acena que irá promover um golpe militar caso não estabeleçam suas reformas ou até caso não seja vitorioso em 2022, com suas regras que tenta impor no pleito. Isto em tempos apocalípticos, quando uma pandemia já ceifou a vida de mais de meio milhão de brasileiros, desempregou 15 milhões, promovem-se ameaças contra comunidades indígenas e quilombolas, com total desrespeito ao meio ambiente e às normas mínimas de tolerância e respeito às minorias. Os ovos da serpente já vêm chocando as víboras que atacam os direitos humanos e a frágil democracia.

Neste minicurso da FAJE, trago alguns textos antigos, com atualizações, e também reflexões novas, a partir das provocações que o atual momento exige no país:

1   O que são direitos humanos?
2   Políticas públicas em direitos humanos.
3   Desvendando o mapa dos direitos humanos em Minas, com uma segunda parte, atualizando os dados do Brasil nos dias atuais.
4   Educação em direitos humanos.
5   Anexos: a pesquisa do professor Otávio Ferreira, onde ele analisa avanços e retrocessos em políticas de direitos humanos no Brasil, da Faculdade de Filosofia, Letras e Ciências Humanas da USP, e o Mapa dos Direitos Humanos nos 853 municípios de Minas Gerais, na única vez que foi elaborado no ano de 2008.

Quero também nesta obra expressar, como no aforismo de Antônio Gramsci, que, mesmo diante de uma realidade tão hostil, onde a razão nos conduz a um pessimismo, a nossa vontade mantém viva a esperança. Só que é necessário agir, transformar esta realidade, como nos indica Vander Lee, poeta e músico mineiro, na música A Voz:

> "Que as palavras sejam gestos
> Gestos sejam pensamentos
> Da voz que move nossos corações."

Ou ainda como a Igreja Católica da América Latina se expressou no encontro de Medellín, em 1968: "Não basta, certamente, refletir, conseguir mais clarividência e falar. É necessário agir. A hora atual não deixou de ser hora da 'palavra', mas se tornou, com dramática urgência, a hora da ação".

Durval Ângelo Andrade

O QUE SÃO DIREITOS HUMANOS?

Na primeira noite eles se aproximam e roubam uma
flor do nosso jardim.
E não dizemos nada.
Na segunda noite, já não se escondem:
pisam as flores,
matam nosso cão,
e não dizemos nada.
Até que um dia,
o mais frágil deles
entra sozinho em nossa casa,
rouba-nos a luz, e,
conhecendo nosso medo,
arranca-nos a voz da garganta.
E já não podemos dizer nada.
(Eduardo Alves da Costa)

Nota introdutória

Apesar de muitas vezes, se confundirem, há diferença quando se fala em direitos humanos e em direitos fundamentais. Os direitos fundamentais são os direitos imanentes à condição de ser humano e que estão positivados na constituição de um país. Em nossa Constituição cidadã, são aqueles elencados no Título II, do artigo 5º ao 17. No entanto, em todo o texto constitucional, podem ser encontrados direitos considerados fundamentais, a exemplo dos artigos 205, 225, 226.

Tais direitos são "protegidos" pelas chamadas garantias fundamentais, que podem ser definidas como instrumentos para que as pessoas assegurem seus direitos fundamentais. É o caso, por exemplo, do Habeas Corpus, dos mandados de segurança e de injunção, de ações populares, entre outros.

Já quando falamos em direitos humanos, devemos considerar que há diversas correntes interpretativas. Uma delas é a de que direitos humanos são os estabelecidos em documentos internacionais; normas de caráter universal que, estando acima do Estado, são aplicáveis a todas as pessoas, independentemente do país onde vivem.

É bem verdade que alguns teóricos consideram todos os direitos fundamentais como direitos humanos, já que têm o "humano" como destinatário. Mas devemos também ponderar que nem todos os direitos fundamentais estabelecidos na Constituição brasileira têm este viés de universalidade, o que, no nosso entender, impediria sua classificação como direito humano.

Ressalte-se que, para uma norma internacional passar a viger no ordenamento jurídico de um país, deve haver toda uma tramitação específica. No caso do Brasil, a Constituição estabelece – em seu artigo 5º, parágrafo 3º – a necessidade do mesmo trâmite exigido à aprovação de emendas constitucionais para que tratados internacionais de direitos humanos adquiram *status* de norma constitucional.

Foi assim que o Estatuto da Pessoa com Deficiência passou a integrar o texto constitucional brasileiro. Outra norma internacional integrada ao nosso ordenamento é a *Convenção Americana sobre Direitos Humanos – Pacto de San José da Costa Rica*, ratificado pelo Congresso nacional.[1]

Merece destaque, também, a Declaração Universal dos Direitos Humanos, de 1948, que influencia, transversalmente, todo o texto da Constituição cidadã, sendo que diversos incisos de seu artigo 5º foram, claramente, extraídos da Declaração.

Enfim, ainda que, muitas vezes, se confundam, as expressões direitos fundamentais e direitos humanos não são sinônimas, pois nem todos os direitos fundamentais são direitos humanos; e nem todos os direitos humanos estão incorporados à nossa Carta Magna como direitos fundamentais.

Direitos de todas e todos

Para analisarmos a relação interdependente entre direitos humanos e democracia, faz-se necessário delimitar a que nos referimos quando

---

[1] Cabe, aqui, uma observação: uma decisão do Supremo Tribunal Federal (STF) sobre "depositário infiel" considerou que o Pacto possuía *status* hierárquico de norma supralegal, ou seja, abaixo da Constituição – já que não foi aprovado conforme o disposto em seu parágrafo 3º –, mas acima das normas infraconstitucionais.

tratamos de direitos humanos. Iniciemos pela definição literal. "Direitos" são coisas às quais se tem direito, que são permitidas, ou, ainda, liberdades garantidas. "Humano" refere-se a um membro da espécie *Homo sapiens*; homem, mulher ou criança; pessoa. "Direitos humanos", portanto, são direitos que as pessoas têm pelo fato de serem humanas.

Calcados no princípio do respeito ao indivíduo, os direitos humanos carregam o pressuposto fundamental de que cada pessoa é um ser moral e racional, que deve ser tratado com dignidade. São, portanto, direitos universais, ou seja, aos quais todos, sem exceção, têm direito, independentemente de raça, cor, gênero, credo, nacionalidade ou classe social, bastando, para tanto, estar vivo.

Breve histórico

Os direitos humanos são de amplo alcance, estando relacionados a aspectos como liberdade, oportunidade e opção. Mas eles nem sempre existiram, reconhecidos como tal. Para melhor entender sua evolução, vale um passeio pela história.

Cilindro de Ciro

Até o século VI antes de Cristo, não se tem notícias da existência de direitos garantidos. A primeira referência é encontrada após a conquista da Babilônia, no ano 539 a.C., pelos exércitos de Ciro, O Grande, o primeiro rei da antiga Pérsia. Ele libertou os escravos, concedeu a todas as pessoas o direito de escolher a sua própria religião e estabeleceu a igualdade racial. Esses e outros decretos foram registrados num cilindro de argila, conhecido como o Cilindro de Ciro, hoje reconhecido como a primeira carta dos direitos humanos do mundo. Seu conteúdo, análogo ao dos quatro primeiros artigos da Declaração Universal dos Direitos Humanos, foi traduzido para as seis línguas oficiais das Nações Unidas.

Após o Cilindro de Ciro, a ideia de direitos humanos difundiu-se para outras nações, como Índia e Grécia, até chegar a Roma, onde surgiu o conceito de "lei natural", fundamento do Direito Romano, baseado em ideias racionais tiradas da natureza das coisas.

Grande Carta

Posteriormente, outros documentos afirmaram os direitos individuais. A Carta Magna, ou Grande Carta, surgiu em 1215, depois que o Rei João violou leis e costumes antigos pelos quais a Inglaterra tinha sido governada até então. Seus súditos o forçaram a assinar a Carta, que enumerava direitos como a liberdade da Igreja em relação à interferência do governo, o direito de todos os cidadãos livres possuírem e herdarem propriedades, proteção contra impostos excessivos. Tratou-se de um dos documentos legais mais importantes no desenvolvimento da democracia moderna.

Petição

Em 1628, em reação a medidas arbitrárias, como empréstimos forçados, aquartelamento de tropas nas casas dos súditos e aprisionamentos, o Parlamento Inglês enviou ao Rei Carlos I a Petição de Direito, com uma declaração de liberdades civis. Foi mais um marco no desenvolvimento dos direitos humanos. A Petição afirmou quatro princípios: nenhum tributo poderia ser imposto sem o consentimento do Parlamento; nenhum súdito poderia ser encarcerado sem motivo demonstrado; nenhum soldado poderia ser aquartelado nas casas dos cidadãos; e a Lei Marcial não poderia ser usada em tempo de paz.

Declaração de Independência dos Estados Unidos

Em 4 de julho de 1776, após a Guerra Revolucionária, o Congresso dos Estados Unidos aprovou sua Declaração de Independência da Grã-Bretanha. Largamente distribuída e lida pelo público, a Declaração acentuava os direitos individuais e o direito de revolução. As ideias também tiveram ampla repercussão internacional, influenciando, em particular, a Revolução Francesa.

Primeira Constituição

Elaborada em 1787, a Constituição dos Estados Unidos da América, a mais antiga constituição nacional e que ainda está em vigência, é a lei fundamental do sistema federal do governo americano e tornou-se referência no mundo ocidental. Ela define os órgãos principais de governo, suas jurisdições e os direitos básicos dos cidadãos. Suas dez primeiras emendas consistem na Declaração dos Direitos e limitam os poderes do governo, protegendo os direitos de todos os cidadãos, residentes e visitantes, em território americano.

Liberté, egalité, fraternité

Com a Revolução Francesa, em 1789, quando o povo se insurgiu contra a monarquia absoluta, foi estabelecida a primeira República Francesa. A Declaração dos Direitos do Homem e do Cidadão (*Déclaration des Droits de l'Homme et du Citoyen*) foi, então, adotada pela Assembleia Constituinte Nacional como o primeiro passo para uma constituição. Ela proclama a garantia dos direitos de "liberdade, propriedade, segurança e resistência à opressão", sendo a lei "uma expressão da vontade geral", a fim de promover a igualdade de direitos e proibir ações prejudiciais para a sociedade.

Convenção de Genebra

Em 1864, o Conselho Suíço Federal realizou em Genebra uma conferência diplomática, com a participação de 16 países europeus e vários estados americanos, destinada à adoção de uma convenção para o tratamento de soldados feridos em combate.

Os princípios fundamentais estabelecidos especificavam a obrigação de ampliar o cuidado, sem discriminação, para com o pessoal militar ferido ou doente.

Declaração dos Direitos do Povo Trabalhador e Explorado

Se a Revolução Francesa lançou luzes sobre ideais dos direitos humanos e da cidadania, a Revolução Russa de 1917 foi também um marco, ao problematizar a desigualdade no mundo moderno e contemporâneo. O movimento revolucionário dos operários e camponeses contra a autocracia russa – liderado por Lênin, tendo como seu braço forte Leon Trotsk – lançou, em 1918, a Declaração dos Direitos do Povo Trabalhador e Explorado, que insere na ordem mundial os direitos sociais dos trabalhadores.

Temáticas como a emancipação econômica, a libertação do capitalismo e a possibilidade de construção do próprio desenvolvimento por uma nação contagiaram vários outros países, tornando-se bandeiras de operários, camponeses e lideranças anticapitalistas. A defesa era de que o Estado deveria combater a exploração promovida pelo sistema capitalista e prover os direitos sociais, culturais e econômicos de todos os cidadãos, independentemente de classe social.

Pode-se afirmar que a Revolução Russa representa uma reviravolta no século XX, ao inaugurar o reconhecimento dos direitos econômicos também como direitos humanos, com a ascensão dos excluídos ao poder e a inclusão de um novo personagem protagonista na história: o trabalhador.

Nações Unidas

Em 1945, com um saldo de milhões de mortos na Segunda Guerra Mundial, delegados de cinquenta países reuniram-se em San Francisco (EUA), na Conferência das Nações Unidas sobre Organização Internacional. O objetivo era formar um corpo internacional para promover a paz e prevenir futuras guerras. Os ideais da organização foram declarados no preâmbulo da sua carta de proposta.

Declaração Universal

Em 1948, a nova Comissão de Direitos Humanos das Nações Unidas, sob a presidência de Eleanor Roosevelt, viúva do presidente americano Franklin Roosevelt e defensora dos direitos humanos, elaborou o rascunho do documento que viria a ser a Declaração Universal dos Direitos Humanos. Roosevelt referiu-se à Declaração como a Carta Magna Internacional para toda a humanidade.

Em seu preâmbulo e no artigo 1º, a Declaração proclama inequivocamente os direitos inerentes a todos os seres humanos: "O desconhecimento e o desprezo dos direitos humanos conduziram a atos de barbárie que revoltam a consciência da Humanidade, e o advento de um mundo em que os seres humanos sejam livres de falar e de crer, libertos do terror e da miséria, foi proclamado como a mais alta inspiração do Homem... Todos os seres humanos nascem livres e iguais em dignidade e em direitos".

Os Estados-Membros das Nações Unidas comprometeram-se a trabalhar uns com os outros para promover os 30 artigos de direitos humanos que, pela primeira vez na história, tinham sido reunidos e codificados em um único documento.

Lei Internacional

A Declaração Universal dos Direitos do Homem é um padrão ideal sustentado em comum por nações no mundo inteiro, mas não possui força de lei. Assim, a Comissão de Direitos Humanos das Nações Unidas elaborou um corpo de leis de direitos humanos internacional, baseado na Declaração, para fazer cumprir a sua implementação. Foram elaborados dois documentos principais: o Pacto Internacional dos Direitos Civis e Políticos e o Pacto Internacional dos Direitos Econômicos, Sociais e Culturais, transformados em lei internacional em 1976. Juntamente com a Declaração Universal dos Direitos Humanos, estes dois Pactos constituem o que é conhecido como a "Lei Internacional de Direitos Humanos".

O Pacto Internacional dos Direitos Civis e Políticos aborda questões como o direito à vida, à liberdade de expressão, à religião e à votação. O Pacto Internacional dos Direitos Econômicos, Sociais e Culturais trata de direitos como à alimentação, à educação, à saúde e ao refúgio. Ambos os pactos proclamam esses direitos para todas as pessoas e proíbem a discriminação.

O artigo 26º do Pacto Internacional dos Direitos Civis e Políticos estabeleceu uma Comissão das Nações Unidas para os direitos humanos, que acompanha o seu cumprimento pelos países.

Tratados

Em adição aos pactos contidos na Carta Internacional dos Direitos Humanos, as Nações Unidas adotaram mais de 20 tratados principais, detalhando os direitos humanos. Eles incluem tratados para prevenir e proibir abusos específicos, como tortura e genocídio, e para proteger populações vulneráveis específicas, tais como refugiados (Convenção Relativa ao Estatuto dos Refugiados, de 1951), mulheres (Convenção sobre a Eliminação de Todas as Formas de Discriminação contra as Mulheres, de 1979) e crianças (Convenção sobre os Direitos da Criança, de 1989). Outros tratados cobrem a discriminação racial, a prevenção de genocídio, os direitos políticos das mulheres, proibição de escravidão e tortura.

Cada um desses tratados estabeleceu uma comissão de peritos para regular a implementação das disposições por eles estabelecidas, pelos seus Estados constituintes.

Cabe ressaltar que o Brasil é signatário de vários desses tratados internacionais, os quais têm força de lei, conforme estabelece a Constituição Federal em seu artigo 2º, parágrafo 2º: "Os direitos e garantias expressos nesta Constituição não excluem outros decorrentes do regime e dos princípios por ela adotados, ou dos tratados internacionais em que a República Federativa do Brasil seja parte".

Convenção Europeia

A Declaração Universal serviu como inspiração para a Convenção Europeia dos Direitos Humanos, adotada em 1953.

América, África e Ásia

As Américas do Norte e do Sul, a África e a Ásia possuem documentos regionais para a proteção e promoção de direitos humanos:

- Convenção Americana sobre Direitos Humanos, pertencente às Américas (1978);
- Carta dos Direitos Humanos e dos Povos / Estados Africanos (1981);
- Declaração dos Direitos Humanos do Cairo no Islão / Estados Muçulmanos (1990);
- Carta Asiática dos Direitos Humanos (1986).

Violações de Direitos

Muitas décadas depois de sua emissão, a Declaração Universal dos Direitos Humanos ainda é violada em todas as regiões do planeta. Relatórios de organizações internacionais apontam em dezenas de países a existência de pessoas torturadas e maltratadas, julgamentos injustos, restrição à liberdade de expressão. Mulheres e crianças, em especial, são marginalizadas de muitas formas, a imprensa não é livre em muitos países e os dissidentes são silenciados, com frequência, de forma permanente.

Os artigos mais violados são:

Artigo 3º – Direito à vida

"Todos têm direito à vida, à liberdade e à segurança pessoal."

Artigo 4º – Não à escravidão

"Ninguém deverá ser mantido em escravidão ou trabalho forçado; a escravidão e o comércio de escravos foram proibidos em todas as suas formas."

Artigo 5º – Não à tortura

"Ninguém deverá ser submetido à tortura ou a tratamento ou castigo cruel, desumano ou degradante."

Artigo 13º – Liberdade de movimento

"1. Toda pessoa tem o direito de livremente circular e escolher a sua residência no interior de um Estado.
2. Todos têm o direito a abandonar qualquer país, incluindo o seu próprio, e de voltar a seu país."

Artigo 18º – Liberdade de pensamento

"Todos têm liberdade de pensamento, consciência e religião; este direito inclui a liberdade de mudar a sua religião ou crença e a liberdade de manifestar a sua religião ou crença no ensino, na prática, no culto e no cumprimento, quer seja só ou, em comunidade, com outros e em público ou em privado."

Artigo 19º – Liberdade de expressão

"Todos têm o direito à liberdade de opinião e de expressão. Este direito inclui a liberdade para ter opiniões sem interferência e para procurar, receber e dar informação e ideias através de qualquer meio de comunicação e sem importar as fronteiras."

Artigo 21º – Direito à democracia

"1. Toda pessoa tem o direito de tomar parte na direção dos negócios públicos do seu país, quer diretamente, quer por intermédio de representantes livremente escolhidos.
2. Toda pessoa tem direito de acesso, em condições de igualdade, às funções públicas do seu país.
3. A vontade das pessoas será a base da autoridade do governo; esta vontade será expressa em eleições periódicas e genuínas que serão universais e de sufrágio igualitário e que serão realizadas mediante voto secreto ou procedimentos de voto livre equivalentes."

Direitos dos presos

Mesmo com a consagração de uma série de documentos, não faltam relatórios e estudos a demonstrarem que a população carcerária é uma das mais atingidas, no que tange à violação dos direitos humanos, dentre eles, os mais básicos, como a proteção contra a tortura, os maus-tratos e o tratamento humilhante.

É que somente bem mais tarde os direitos dos sentenciados passaram a ser considerados no arcabouço jurídico, com o surgimento do Direito Penitenciário e, ainda assim, com linhas de pensamento controversas. Na história mais recente, por exemplo, uma tendência no Direito denominada "Movimento da Lei e da Ordem" tem buscado punições cada vez mais rigorosas, em uma reação ao aumento da criminalidade e que foca não a recuperação, mas a ampliação das sanções.

O modelo APAC surgiu como uma proposta alternativa, tendo como principal fundamento a valorização do ser humano para o resgate do indivíduo sentenciado e sua consequente recuperação e reinserção social. Ele parte do pressuposto de que somente recuperado o indivíduo deixa de representar um risco para a comunidade, o que contribui para a redução da insegurança.

Princípios dos Direitos humanos

Fonte primária de inspiração para a decretação dos demais direitos, os direitos humanos têm o papel de consagrar e garantir a existência digna da humanidade. Como apontou com maestria o professor Joaquim Carlos Salgado, ao se referir aos direitos fundamentais, eles são a matriz de todos os outros direitos, dando a eles fundamento.

E mais: a observância dos direitos humanos é a salvaguarda dos valores democráticos, configurando o impeditivo da subjugação da sociedade por domínios déspotas. Do que se conclui que as violações e os cerceamentos ao exercício desses direitos nos afastam da possibilidade de construção de uma sociedade mais justa e igualitária.

Em uma concepção contemporânea, podemos destacar quatro princípios básicos dos direitos humanos. O primeiro é o da *universalidade*, calcado no reconhecimento da dignidade da pessoa humana, traduzida na máxima de que "todos os seres humanos nascem livres e iguais em dignidade e direitos". Ou seja, cada pessoa, com sua individualidade e diversidade, constitui um sujeito de direitos. Neste sentido, os direitos humanos são os direitos de todos os povos e de todos os indivíduos, independentemente de cor, raça, gênero, religião ou nacionalidade.

Nesta perspectiva, ressalvadas as considerações que constam na nota introdutória deste texto, os direitos humanos podem ser identificados como direitos fundamentais, reconhecidos como direitos individuais, sociais, econômicos, políticos, culturais, de autonomia dos povos, os quais formam um todo único, indivisível. Trata-se do segundo princípio, o da *indivisibilidade*, significando que não pode haver a dissociação de uma classe desses direitos em relação a outra, cabendo ao Estado e à sociedade garantir a efetivação de todos eles.

Como consequência natural dos princípios anteriores, os direitos fundamentais têm entre si uma intrínseca *interdependência* – terceiro princípio. Estão interligados e a efetivação de um é pressuposto para o exercício dos demais. De fato, não se garante, por exemplo, o direito à igualdade, sem a viabilização do direito ao pleno emprego ou dos direitos do consumidor. Bem como o direito à educação está atrelado ao direito à saúde e, assim, sucessivamente.

Existem, é claro, procedimentos e instrumentos específicos para a garantia de diferentes direitos, mas todos, sem exceção, devem ser efetivados, de forma progressiva, sem retrocesso, sendo esta uma condição orientadora para que se estabeleça uma democracia de direitos, de fato. A ampliação e evolução desses direitos ao longo dos tempos, como foi demonstrado no breve histórico anterior, configuram outro princípio básico: o da *historicidade*.

Poderíamos falar ainda em dois outros princípios: *inalienabilidade* e *irrenunciabilidade*. O 1º trata os direitos humanos como intransferíveis e inegociáveis, porque não têm conteúdo econômico e patrimonial. O 2º, como já bem expressa, defende que eles não podem ser renunciados, assim os seres humanos não podem abrir mão destes direitos.

Obviamente, a concretização de todos os direitos humanos já reconhecidos internacionalmente ainda configura uma utopia, em um mundo onde persistem massacres, torturas, discriminação, abismos sociais, ditaduras, segregação, opressão de povos inteiros e tantas outras mazelas. Mas é preciso lutar. É preciso acreditar. Afinal, como sabiamente afirmou Hanna Arendt, "a igualdade não é um dado, mas um construído".

Em colóquios, debates, palestras e seminários dos quais participo, tenho feito questão de ressaltar que a dignidade da pessoa humana e a cidadania são os dois fundamentos principais do Estado Democrático. Pode-se afirmar que há uma relação quase simbiótica entre a democracia e os direitos humanos, como aponta a professora Maria Inês Chaves de Andrade, ao resgatar o sentido do artigo 1º da Constituição de 1988:

> Outro traço saliente da Declaração Universal de 1948 é a afirmação da democracia como único regime político compatível com o pleno respeito aos direitos humanos (arts. XXI e XXIX, alínea 2). O regime político-democrático já não é, pois, uma opção entre muitas outras,

mas a única solução legítima para a organização do Estado. Assim, a democracia se põe como inseparável do conceito de direitos do homem, em que naquele regime político todos os indivíduos detêm uma parte da soberania, de modo que a liberdade se vê precedendo o poder.

POLÍTICAS PÚBLICAS EM DIREITOS HUMANOS

> *Gente é muito bom. Gente deve ser bom.*
> *Tem de se cuidar, de se respeitar o bom.*
> *Gente quer ser feliz. Gente quer respirar ar pelo nariz.*
> *Gente é para brilhar e não para morrer de fome.*
> (Caetano Veloso)

Não poderia ser mais pertinente para o momento a abordagem do tema "Políticas públicas em direitos humanos". De um lado, porque vivemos em nosso país, nestes tempos de pandemia, um cenário de flagrante desrespeito aos direitos humanos por parte do atual governo. De outro, porque nos últimos anos, evidenciaram-se no Brasil movimentos pautados pela intolerância, o ódio ao diferente, o preconceito, o negacionismo e o incentivo à violência. Qual a explicação para tais fenômenos? Sem dúvida, há neste quadro um forte componente histórico e cultural.

Como destaquei no livro *Conselhos de cidadania: exercício de democracia* (ANDRADE, 2020), vivemos em um país de cultura autoritária. Nossa história e formação é marcada pela dominação e extermínio de povos indígenas, por 350 anos de escravidão, relações servis no campo, profunda desigualdade social, exploração das classes menos favorecidas, preconceito, discriminação e por uma ditadura militar pautada pela repressão, censura, brutalidade e imenso desrespeito aos direitos mais básicos do ser humano.

Como uma das consequências desse fardo opressor, não está plenamente consolidado em nossa sociedade o reconhecimento dos direitos fundamentais da pessoa humana – aqui, compreendidos como direitos humanos. A ausência da garantia plena desses direitos gera o agravamento da criminalidade e da insegurança, que deságua na repressão e afirmação da força, em substituição à educação, à saúde, à moradia digna, ao trabalho, ao lazer e ao desenvolvimento sadio das crianças, entre outros.

Nesta perspectiva, é comum enxergar os que cometem crimes ou se desviam dos padrões estabelecidos como o inimigo, uma excrescência da natureza, e não mais como "um de nós", vítima da incapacidade da sociedade de promover a inclusão social e lidar com as diferenças. Para parte do povo brasileiro, a "erva daninha" precisa ser "exterminada", como, muitas vezes, ouvimos de pessoas "respeitáveis".

No contexto mundial, em consonância com a ideologia neoliberal ou ultraneoliberal, os direitos humanos vêm se tornando uma "ideia fraca", frente à força do argumento – preconceituoso em seu cerne – do combate à ameaça do terrorismo. Anulam-se, assim, bandeiras clássicas dos direitos individuais consagrados em "revoluções" liberais.

Na tese do "Estado mínimo", com um profundo processo de privatizações e de entrega à iniciativa privada das funções precípuas do Estado, enfraquecem os direitos sociais, como saúde, segurança pública, educação, transporte, assistência social, emprego, etc. Tudo isso gera um processo de exclusão e violência que mais parece um horror.

Neste contexto, no Brasil, aquele que milita na defesa dos direitos humanos é rotulado por uma parcela dirigente da sociedade, como se carregasse consigo uma placa invisível na qual está escrito "defensor de bandido". Este preconceito não é novo, mas se agravou, com a eleição de Jair Bolsonaro em 2018 e, sobretudo, com seu governo ultraconservador, claramente contrário aos princípios mais elementares dos direitos humanos. Situação bem diferente da que se verifica em países de tradição democrática mais antiga, onde os militantes dos *Human Rights* (direitos humanos) gozam de prestígio e popularidade, mesmo durante governos contrários a tal bandeira, a exemplo do de Donald Trump nos Estados Unidos, felizmente, derrotado, com a eleição de Joe Biden.

Direitos sob ataque

Se a defesa dos direitos humanos já era uma prioridade para a consolidação da democracia brasileira, ainda às voltas com fortes traços da ditadura militar, esta causa adquire ainda maior urgência no atual governo de Jair Bolsonaro. Trata-se de um governo que adota abertamente o discurso antidireitos e de ódio que caracterizou toda a trajetória política do presidente – inclusive sua campanha eleitoral em 2018. Discurso este que se concretiza em ações fundamentalistas e discriminatórias, em ataques aos direitos humanos e, principalmente, no desmonte de direitos históricos, conquistados com muita luta pelo povo brasileiro.

O retrocesso claramente intencional foi evidenciado logo no início do governo, com o rebaixamento do Ministério dos Direitos Humanos a Secretaria de Governo e, depois, a mera superintendência. Sem contar a nomeação para a pasta do Ministério da Mulher, da Família e dos Direitos Humanos de Damares Alves, uma pessoa sem qualquer identificação com o Movimento de Direitos Humanos, sem o mínimo preparo para a função e com motivações essencialmente de cunho religioso fundamentalista. Acrescente-se, ainda, o decreto que extinguiu vários Conselhos Nacionais, em um claro ataque a estes importantes instrumentos de garantia de direitos.

Ao final do ano de 2019, o Governo Bolsonaro já era alvo de nada menos que 37 denúncias na ONU por violações dos direitos humanos. Dentre elas, estão:

- legalização do extermínio da juventude negra, por meio do "pacote anticrimes" do ministro Sérgio Moro;
- perseguição à população indígena;
- ataques ao meio ambiente;
- desmonte de mecanismos de combate à tortura;
- negação da ditadura.

Em seu relatório mundial apresentado em 14 de janeiro de 2020, a organização internacional *Human Rights Watch* (HRW) denunciou que o Governo Bolsonaro, com medidas que infringem os direitos humanos, coloca em risco as populações mais vulneráveis do país. A HRW afirma, ainda, que a situação só não é mais grave devido a ações de tribunais e do Congresso Nacional, que reverteram ou impediram políticas que prejudicariam indígenas, homossexuais e os mais pobres.

O relatório criticou a conivência do governo com a destruição da Amazônia por redes criminosas e a culpabilização, sem provas, de ONGs, voluntários, brigadistas e povos indígenas, pelos incêndios na região. Também acusou o governo de enfraquecer os esforços para a prevenção da tortura e criticou o envio ao Congresso pelo Executivo de projeto para suspender a sentença de agentes de segurança condenados por homicídio, caso tenham agido por "escusável medo, surpresa ou violenta emoção".

A organização cita, ainda, ataques do presidente à imprensa e a organizações da sociedade civil, elogios a ditaduras, declarações homofóbicas e tentativas de restringir os direitos de lésbicas, gays, bissexuais e transgêneros (LGBTs). Ao final, a HRW alerta para o enfraquecimento dos direitos humanos no Brasil.

Já no Relatório Mundial 2021, publicado em 13 de janeiro de 2021, a *Human Rights Watch* destaca que o presidente Jair Bolsonaro tentou sabotar medidas contra a disseminação da covid-19 no Brasil e impulsionou políticas que comprometem os direitos humanos. Segundo o documento, o Supremo Tribunal Federal (STF) e outras instituições democráticas foram forçadas a intervir, com frequência, para proteger tais direitos.

A organização internacional denuncia que o governo Bolsonaro não tratou da superlotação nas prisões, ficando a cargo do Conselho Nacional de Justiça (CNJ) recomendar a juízes que reduzissem prisões provisórias durante a pandemia e considerassem a saída antecipada de alguns detentos. Até 16 de setembro, juízes tinham determinado a transferência de quase 53.700 pessoas para prisão domiciliar em resposta à covid-19, de acordo com dados oficiais. Também foi preciso que o STF suspendesse o veto presidencial a artigo de uma lei aprovada pelo Congresso exigindo o uso de máscaras em unidades prisionais.

A HRW afirma, ainda, que o governo Bolsonaro promoveu políticas que contrariam os direitos das mulheres e das pessoas com deficiência, atacou a mídia independente e organizações da sociedade civil e enfraqueceu os mecanismos de fiscalização da legislação ambiental, na prática, dando carta branca às redes criminosas envolvidas no desmatamento ilegal na Amazônia. Outra denúncia foi a de que Bolsonaro não tem enfrentado a violência policial e, por vezes, até mesmo a encorajou.

Na 31ª edição do Relatório Mundial, a HRW analisa a situação dos direitos humanos em mais de 100 países e, no capítulo introdutório, o diretor executivo, Kenneth Roth, defende que o novo governo dos Estados Unidos incorpore o respeito aos direitos humanos em sua política interna e externa, de forma a aumentar as chances desse compromisso ser mantido em futuras administrações dos EUA. Roth enfatiza que, embora o governo de Trump tenha praticamente abandonado a proteção dos direitos humanos, outros governos se mobilizaram para defendê-los.

O papel da mídia

Como se vê, uma leitura de cenário nos indica que a consolidação dos direitos humanos no Brasil corre, hoje, sérios riscos. Mas a defesa desta bandeira nunca foi tarefa fácil. Pelo contrário, chega a ser, muitas vezes, ingrata. Ainda imperam em nosso país as incompreensões sobre o tema, que o enquadram como "defesa de bandidos". Como defendemos em nosso livro *O direito de ter direitos: a mais-valia dos desvalidos* (ANDRADE, 2010), se, por um lado, essa visão pode ser justificada como fruto da ignorância sobre o real significado dos direitos humanos, por outro, é também uma deturpação voluntária, disseminada por aqueles que violam esses mesmos direitos, até como argumento para amparar tais ilegalidades.

Tal deturpação pode ser encarada, ainda, como um processo político-social; um movimento em direção à manutenção do *status quo* para garantir a permanência dos privilégios de uma elite. Afinal, a esmagadora maioria dos que têm seus direitos violados está entre as classes populares, aqueles que lutam pela igualdade e precisam da intervenção do Estado para garantir seus direitos. Neste cenário, a mídia, que tem como mentores intelectuais e econômicos representantes dessas mesmas elites, divulga esta visão deturpada e, através do sensacionalismo, lançando mão de estereótipos e fazendo julgamentos de valor, contribui para o seu aprofundamento.

Exemplo dessa situação foi o que ocorreu ao jornalista José Cleves. Apontado, precipitadamente, como suspeito do assassinato de sua esposa, em dezembro de 2000, ele, que – coincidência ou não – à época, apurava irregularidades cometidas por policiais, foi apresentado pela imprensa como assassino. O inquérito policial tinha várias falhas e lacunas, mas estas não foram levadas em conta pelos veículos de comunicação e nem pelo Ministério Público, que o denunciou, fazendo com que fosse levado a julgamento. O jornalista foi absolvido em júri popular, mas passaram-se oito anos até que tivesse sua inocência comprovada e nem isso fez com que a imprensa reconhecesse seu erro e apresentasse sua inocência aos olhos da opinião pública, da mesma forma como o havia condenado.

Tal aberração produzida pela imprensa e o Poder Público foi contada em um livro escrito por um jornalista – "A justiça dos lobos" –, que ajudamos a publicar. A obra ganhou destaque entre os operadores do Direito e o episódio se tornou referência como estudo de caso, tanto para a área do Direito como da Comunicação Social. Quando exercia o mandato de deputado e era presidente da Comissão de Direitos Humanos da Assembleia Legislativa de Minas Gerais (ALMG), recebi naquele colegiado uma série de manifestações sobre o livro, de importantes estudiosos e autoridades, do TJMG, entre as quais gostaria de citar a do desembargador Rogério Medeiros Garcia de Lima, que considerou a história "kafkaniana". "Não gosto de acompanhar as páginas criminais dos jornais exatamente por considerá-las extremamente nocivas ao Estado de Direito. Torço para que essa obra repercuta nacionalmente", disse.

Em um contraponto à deturpação, precisamos lutar para disseminar na sociedade a verdade de que os direitos humanos são a essência da democracia, conforme expresso logo no artigo primeiro da nossa Constituição Federal, especialmente quando coloca a dignidade humana como fundamento do Estado Democrático de Direito:

> A República Federativa do Brasil, formada pela união indissolúvel dos Estados e Municípios e do Distrito Federal, constitui-se em Estado Democrático de Direito e tem como fundamentos: I – a soberania; II – a cidadania; III – a dignidade da pessoa humana; IV – os valores sociais do trabalho e da livre iniciativa; V – o pluralismo político. Parágrafo único – Todo o poder emana do povo, que o exerce por meio de representantes eleitos ou diretamente, nos termos desta Constituição. (BRASIL/88, p. 19)

Evidentemente, como também demonstra a Constituição, é impossível a realização de um regime democrático, sem que se garantam as condições para o exercício da cidadania. Vale aqui recuperar o pensamento de Aristóteles, de que ser cidadão é exercer parcela de poder; é ter o direito de ter direitos. Portanto, a cidadania não se reduz somente ao voto, como pensam alguns. Este seria apenas o início de um longo processo de construção política. Por sua vez, a dignidade da pessoa humana implica condições de vida que ultrapassam uma mera questão conceitual.

O princípio da dignidade humana

Inconteste o pressuposto da garantia à vida, devemos nos ater a quais seriam os fundamentos da dignidade humana. Exemplo salutar foi apresentado por Maria Victória de Mesquita Benevides Soares, no texto Cidadania e Direitos Humanos, publicado no site do Instituto de Estudos Avançados da Universidade de São Paulo:

> Ninguém ficaria muito chocado, mesmo que tivesse compaixão, de ver, por exemplo, um animal morto abandonado numa estrada, mas certamente todos nós sentiríamos como uma profunda indignidade abandonar o corpo de uma pessoa numa rua, numa estrada para ser

devorado pelos bichos. Essa ideia parece ferir radicalmente a dignidade da pessoa. (SOARES, s.d., p.8).

Avançando nesta abordagem, podemos identificar a dignidade humana com diferentes questões. Uma delas é o olhar da fé. Somos todos filhos do mesmo Pai. Ou seja, a vida é um dom de Deus, sua impressão digital nos homens e mulheres. "Então Iahweh Deus modelou o homem com a argila do solo, insuflou em suas narinas um hálito de vida e o homem se tornou um ser vivente" (Gn 2,7). Ou, ainda, no aspecto abordado pelo apóstolo Paulo, de que o homem é casa, templo de Deus, e o Espírito de Deus habita em cada homem e mulher (cf.1 Cor 3, 16 e 17). Mas, como ressalva Soares, este olhar não possui o fundamento da universalidade, tendo em vista a existência de religiões e crenças diversas, o que até, em alguns casos, gera uma intolerância religiosa, causa de muitas violações dos direitos humanos. Há ainda o fenômeno da ausência de crença religiosa e o próprio princípio da agnose, na prática e em convicções de muitas pessoas. Um segundo olhar seria a questão biológica, de todos pertencerem à espécie humana, havendo, portanto, a universalidade da dignidade.

Situados os olhares, devemos nos ater aos fundamentos da dignidade humana. Soares cita entre eles:

> A racionalidade criativa, com o uso da palavra, como sinal exterior mais óbvio da espécie humana; a mentalidade axiológica, no sentido da sensibilidade para o que é belo, bom e justo; a liberdade, no sentido da capacidade de julgar – o que supera o mero determinismo biológico; a autoconsciência (o ser humano como ser reflexivo); a sociabilidade e todas as formas de solidariedade; a historicidade (o ser humano é aquele que tem a memória do passado e o projeto para o futuro); a unicidade existencial, no sentido de que cada ser é insubstituível. (SOARES, s.d., p. 9).

A autora inclui, ainda, a visão de Kant de que o ser humano é o único que não pode ser considerado um meio para que um fim seja alcançado, por ser ele um fim em si mesmo. E a todos esses fundamentos, acrescento como o grande diferencial a capacidade de amar; o infinito na sensibilidade humana. O amar é o grande mistério que amplia as potencialidades do ser humano, alargando horizontes, provocando mudanças radicais e profundas, como expressou um preso da APAC de Itaúna, ao ser questionado sobre o porquê de não fugir daquele estabelecimento. "Não é possível fugir do amor", respondeu.

Visto isso, poderíamos estabelecer quatro dimensões fundantes dos direitos humanos, em uma abordagem holística, na qual um precisa e implica o outro: a) universalidade – são os mesmos em qualquer país do mundo e não se referem a um membro de uma sociedade, mas a todos, à pessoa humana em sua universalidade; b) naturalidade – dizem respeito à dignidade humana e não requerem lei para serem especificados, exigidos, promovidos e protegidos, pois que se fundamentam no princípio da ética da alteridade, de que não devemos fazer aos outros o que não queremos que façam a nós (exemplo desta naturalidade seria a escravidão, que não é apenas proibida pelo ordenamento jurídico, mas, independentemente disso, repugna a consciência moral da humanidade); c) historicidade – os direitos evoluem, com a evolução dos tempos e das sociedades. Foi, por exemplo, o que ocorreu com o tema da livre orientação sexual. A questão, antes inaceitável na sociedade, devido aos padrões morais, é reconhecida hoje como um direito, estando inclusive consagrada na Constituição brasileira, no artigo 3º, enquanto um objetivo fundamental da República e a d) indivisibilidade – a inter-relação entre todos os direitos humanos, não havendo possibilidade de separá-los em compartimentos estanques e independentes.

Políticas públicas e a Constituição

Fica, nesta dimensão, um questionamento: como garantir a universalidade desses direitos em sociedades visivelmente "desiguais"? Se, por um lado, os direitos humanos prescindem de leis que os discriminem e promovam, por outro, requerem a ação/intervenção do Poder Público para que sejam efetivados e garantidos. Tanto é preciso que o Poder Público, com o seu braço judicante, puna a sua violação, quanto se demanda a atuação do Estado para que seja garantido, sem distinção, o acesso às condições que possibilitam tais direitos, principalmente no que tange aos direitos sociais. Tais ações do Poder Público são definidas e pautadas pelas políticas públicas.

Ainda que não haja um consenso quanto à conceituação do que são as políticas públicas, principalmente no campo do Direito, grande parte das definições faz uma aproximação do conceito com o planejamento e a ação do Estado nos três níveis – União, Estados e Municípios – e com o envolvimento de seus três poderes – Executivo, Legislativo e Judiciário. Nesta linha, tomando-se a definição mais comum de políticas públicas, podemos considerá-las como um conjunto de regras, programas, ações, benefícios e recursos voltados para a promoção do bem-estar social e dos direitos do cidadão. Ou, ainda, "o conjunto de ações coletivas voltadas para a garantia dos direitos sociais, configurando um compromisso público que visa dar conta de determinada demanda, em diversas áreas" (GUARESCHI, COMUNELLO, NARDINI; HOENISCH, 2004, p. 180). Já Maria Paula Dallari Bucci considera que "o fundamento mediato das políticas públicas, o que justifica seu aparecimento, é a própria existência dos direitos sociais – aqueles, dentre o rol de direitos fundamentais do homem, que se concretizam por meio de prestações positivas do Estado" (BUCCI, 1997. p. 90).

No que se refere ao Brasil, pode-se dizer que a baliza dos direitos humanos e das políticas públicas está no texto da Constituição Federal, não por acaso denominada "Constituição cidadã", "Constituição dos direitos humanos". Somente em seus 16 primeiros artigos já temos o fundamento amplo dos direitos humanos e, a meu ver, se fossem praticados, os demais artigos da Carta Magna seriam relativizados. Mas, como protestou Bobbio, o problema não reside no ordenamento jurídico.

> Não se trata de saber quais e quantos são estes direitos, qual é a natureza e seus fundamentos, se são direitos naturais ou históricos, absolutos ou relativos, mais sim qual é o modo mais seguro para garanti-los, para impedir que, apesar das solenes declarações, eles sejam continuamente violados. (BOBBIO, 1992, p. 25)

Já nos artigos 5º e 6º da Constituição Federal, são estabelecidas as garantias destes direitos fundamentais. O artigo 5º estabelece que "Todos são iguais perante a lei, sem distinção de qualquer natureza, garantindo-se aos brasileiros e aos estrangeiros residentes no País a inviolabilidade do direito à vida, à liberdade, à igualdade, à segurança e à propriedade (...)" (BRASIL/88, p. 20). Apresenta, ainda, quase uma centena de direitos individuais, que balizam a garantia de vida em uma sociedade e a relação entre os cidadãos e cidadãs, entre si, e dos cidadãos e cidadãs com o Poder Público. Já o artigo 6º discrimina os direitos sociais, cuja garantia é obrigação do poder público. "São direitos sociais a educação, a saúde, o trabalho, a moradia, o lazer, a segurança, a previdência social, a proteção à maternidade e à infância, a assistência aos desamparados, na forma desta Constituição" (BRASIL/88, p. 25).

Percebe-se que o fundamento da igualdade é ressaltado pelo texto constitucional. Mas vale aqui o alerta de Soares, de que a igualdade pressupõe o direito à diferença. Diferença que se distingue, na essência, da desigualdade. Esta pressupõe valoração, inferior ou superior, enquanto a diferença é uma relação horizontal, no sentido de reconhecimento das diversidades. Ao definir a igualdade, a autora aproxima o conceito das noções dos direitos humanos e das políticas públicas:

> A igualdade significa isonomia, que é a igualdade diante da lei, da justiça, diante das oportunidades na sociedade, se democraticamente aberta a todos. A igualdade no sentido socioeconômico – e volto à questão da dignidade – daquele mínimo que garanta a vida com dignidade (...) (SOARES, s.d., p. 11).

Também Ruy Barbosa tratou da questão da igualdade. Em um exímio jogo de palavras, falou, nas entrelinhas, da necessidade da intervenção do Estado para tornar mais equânimes as condições desiguais de nossa sociedade.

> A regra da igualdade não consiste senão em quinhoar desigualmente aos desiguais, na medida em que se desigualam. Nesta desigualdade social, proporcionada à desigualdade natural, é que se acha a verdadeira lei da igualdade... Tratar com desigualdade a iguais, ou a desiguais com igualdade, seria desigualdade flagrante, e não igualdade real. (BARBOSA, 2003, p. 19).

Políticas públicas em Minas

Na mesma lógica de Ruy Barbosa, destacamos algumas políticas públicas do estado de Minas Gerais – e existem muitas outras – que, na linha adotada neste artigo, visam reduzir a desigualdade e estabelecer condições propícias à real garantia dos direitos humanos. São estas políticas em direitos humanos que buscam efetivar os versos do poeta: "Tem de se cuidar, de se respeitar o bom". O objetivo de qualquer política em direitos humanos é exercer o profundo e atual princípio do cuidado, do respeito ao bom.

> Hoje, na crise do projeto humano, sentimos a falta clamorosa de cuidado em toda parte. Suas ressonâncias negativas se mostram pela má qualidade de vida, pela penalização da maioria empobrecida da humanidade, pela degradação ecológica e pela exploração exacerbada da violência. (...) Que o cuidado aflore em todos os âmbitos, que penetre na atmosfera humana e que prevaleça em todas as relações! O cuidado salvará a vida, fará justiça ao empobrecido e resgatará a Terra como pátria e mátria de todos (BOFF, 1999, p. 191).

1) Programa de Proteção a Vítimas e Testemunhas Ameaçadas – Provita/MG

É um programa de proteção a vítimas e testemunhas de crimes, coagidas ou expostas a grave ameaça, em razão de colaborarem com a investigação ou processo criminal, prestando-lhes assistência jurídica e psicossocial, além de abrigamento. Criado em 2000, o Provita/MG tornou-se referência no país, entre os programas de proteção. Faz parte do Sistema Nacional de Assistência a Vítimas e a Testemunhas, instituído em 1999. Funciona com recursos estaduais e federais, através de convênio do Estado com a Secretaria Especial de Direitos Humanos da Presidência da República (hoje, integrando o Ministério da Mulher, da Família e dos Direitos Humanos).

Em Minas, o Provita é executado pela Secretaria de Estado de Desenvolvimento Social – Sedese – e atualmente, está na estrutura da Diretoria de Proteção e Defesa dos Direitos Humanos, cabendo também ao Ministério Público receber e encaminhar pedidos de inclusão no Programa. Destina-se à proteção não somente do interessado, vítima direta da ameaça, mas também de todo o seu núcleo familiar atingido por tal violação. Deve-se destacar, também, o Programa de Proteção a Crianças e Adolescentes Ameaçados de Morte (PPCAAM) – o Provitinha. Desenvolvido nos mesmos moldes do Provita, com a mesma estrutura, foi criado para a proteção de crianças e adolescentes que sejam vítimas ou testemunhas e estejam expostas a ameaça. A demanda pela inclusão no Provita cresceu no decorrer do tempo, mas a destinação de verbas para sua execução não aumentou na mesma proporção, chegando a ser denunciado o risco de sua suspensão em Minas Gerais.

2) Núcleo de Assistência às Vítimas de Crimes Violentos – NAVCV

Trata-se de um programa de iniciativa do Governo Federal, implementado no Estado em 2000, pela Subsecretaria de Estado de Direitos Humanos. O programa possuía unidades em Belo Horizonte, Ribeirão das Neves, Governador Valadares e Montes Claros, algumas foram extintas. Disponibilizava a vítimas de crimes violentos e seus familiares atendimento especializado, com equipe interdisciplinar, composta por psicólogos, assistentes sociais e advogados. Visava não somente a assistência à vítima e familiares, mas a reinserção social, o acesso à justiça e a reparação da violência vivida. A implantação do NAVCV em Minas Gerais foi uma resposta do Poder Público a um clamor da sociedade, que cobrava medidas de amparo às vítimas de violência. Um dos fundamentos do programa, acreditamos, foi a Lei nº 13.188, de 1999, de nossa autoria, que determina ao Estado de Minas Gerais o oferecimento de proteção, auxílio e assistência às vítimas da violência, por meio dos órgãos ou das instituições competentes. Por sua vez, estabelece o artigo 245 da Constituição Federal: "A lei disporá sobre as hipóteses e condições em que o Poder Público dará assistência aos herdeiros e dependentes carentes de pessoas vitimadas por crime doloso, sem prejuízo da responsabilidade civil do autor do ilícito" (BRASIL, Constituição Federal/88, p. 155).

3) Centros de Referência LGBTQIA+

O primeiro Centro foi criado em Minas Gerais em julho de 2006, pela Secretaria de Estado de Desenvolvimento Social, com o nome de Centro de Referência GLBTTT. Tinha como objetivos promover o desenvolvimento de políticas de atendimento às necessidades e valorização desse público-alvo, resgatar a autoestima e promover a capacitação profissional desse segmento da população, por meio da difusão de conhecimentos, ampliação do diálogo entre as entidades envolvidas e estímulo à implementação de pesquisas e projetos. Atualmente, não há mais este equipamento na estrutura do Governo de Minas, que, no entanto, possui uma Coordenadoria da Política de Promoção da Cidadania LGBTI, com as funções de planejar, coordenar, supervisionar, orientar, articular e avaliar políticas públicas para a promoção da cidadania e defesa de direitos da população LGBTQIA+.[2]

Algumas prefeituras mineiras, como de Belo Horizonte e Contagem, criaram centros de referência similares em âmbito municipal. O Centro de Referência da Prefeitura de Belo Horizonte (CRLGBT) ganhou sede própria em dezembro de 2018, no Centro da cidade, com ampliação da estrutura e da equipe de analistas de políticas públicas que realizam os atendimentos psicossociais à população LGBTQIA+.

O objetivo do Centro[3] é contribuir para a defesa e promoção dos direitos humanos e cidadania dessa população, por meio de ações que visem ao enfrentamento da violência e discriminação por orientação

---

[2] Informações disponíveis em: https://social.mg.gov.br/direitos-humanos/superintendencia-de-participacao-e-dialogos-sociais/coordenadorias/coordenadoria-da-politica-de-promocao-da-cidadania-lgbti. Acesso em: 9 jun. 2021.

[3] Informações disponíveis em: https://prefeitura.pbh.gov.br/smasac/sudc/equipamentos/crlgbt. Acesso em: 1º jun. 2021.

sexual e identidade de gênero, no Município. O CRLGBT pode ser acionado em casos de: apoio à vítima de LGBTfobia; orientações sobre retificação de gênero e nome de registro e garantia de respeito ao nome social; garantia do direito à saúde integral e "hormonização"; direito à cultura e ao lazer; desrespeito aos direitos da população LGBTQIA+; orientações sobre direitos, serviços e assistência social; encaminhamentos para cursos profissionalizantes; inserção e reinserção escolar e no mercado de trabalho; orientações sobre o direito de constituir família.

4) Campanha Proteja Nossas Crianças – Maio Laranja

A campanha Proteja Nossas Crianças foi lançada em maio de 2008, apresentada como a maior iniciativa já realizada no país de combate à violência doméstica e à exploração sexual de crianças e adolescentes. Desenvolvida em Minas pela Secretaria de Estado de Desenvolvimento Social e Esportes (Sedese), em parceria com o Serviço Voluntário de Assistência Social (Servas) e o Conselho Estadual dos Direitos da Criança e do Adolescente (Cedca), tinha o objetivo de despertar a atenção e conscientizar o público sobre a importância de denunciar crimes de violência, abuso e exploração sexual de crianças e adolescentes, por meio do Disque Direitos Humanos. Inédita no país, contou com a parceria de veículos de comunicação, com a exibição de filmes e divulgação de spots de rádio e anúncios publicitários em jornais e revistas. Com a campanha, o número de denúncias de crimes contra crianças e adolescentes cresceu 45% em 2008, em comparação com o ano anterior: 2.735 denúncias em 2009 e 1.895 no ano anterior. Paralelamente à campanha de conscientização, foram ampliadas as ações policiais e do Ministério Público para coibir e punir este delito.

Posteriormente, a campanha recebeu, nacionalmente, o nome de Maio Laranja, voltada principalmente para o combate ao abuso sexual de crianças e adolescentes. Em 2021, o Ministério da Mulher, da Família e dos Direitos Humanos (MMFDH) lançou cartilha, cards e vídeo informativos sobre o tema, com divulgação nas redes sociais.

O vídeo informativo da campanha revela que 52% dos casos de exploração, violência ou abuso sexual ocorrem dentro da casa da vítima, e que apenas um em cada dez casos é notificado às autoridades. No material, também é destacado o Disque 100, canal de denúncias de violações a direitos humanos do Ministério. As denúncias também podem ser realizadas pelo WhatsApp, Telegram ou pelo aplicativo "Direitos Humanos Brasil".

5) Programa Fica Vivo!

O *Fica Vivo!* foi instituído pelo Governo de Minas em 2003, por meio do Decreto nº 43.334/2003. Trata-se de um programa de controle de homicídios desenvolvido pela Secretaria de Estado de Justiça e Segurança Pública (Sejusp), voltado para jovens de 12 a 24 anos em situação de risco social e residentes nas áreas com maior índice de criminalidade.

Foi criado com o objetivo de desenvolver atividades para intervir na realidade social antes que o crime aconteça, diminuindo os índices de homicídios e melhorando a qualidade de vida da população. Sua ação, hoje, é desenvolvida pelas Unidades de Prevenção à Criminalidade (UPCs), localizadas nas comunidades. Atualmente, o programa possui UPCs em Belo Horizonte, Betim, Contagem, Governador Valadares, Juiz de Fora, Montes Claros, Ribeirão das Neves, Santa Luzia, Vespasiano e Uberlândia.[4]

As atividades do *Fica Vivo!* são baseadas em dois eixos de atuação: intervenção estratégica e proteção social. No eixo Intervenção Estratégica, promove a articulação entre a Secretaria de Estado de Justiça e Segurança Pública (Sejusp), a Polícia Militar, a Polícia Civil, o Ministério Público, o Poder Judiciário e órgãos municipais de segurança pública. Inclui Policiamento Preventivo Especializado, realizado pelo Grupo Especial de Policiamento em Áreas de Risco da Polícia Militar (GEPAR). Também contempla a formação e o funcionamento dos Grupos de Intervenção Estratégica (GIE), voltados à prevenção e à redução de conflitos e rivalidades violentas.

No eixo Proteção Social, o programa promove oficinas de esporte, cultura e arte; realiza projetos locais e institucionais; faz atendimentos individuais dos jovens e promove Fóruns Comunitários. Além disso, articula junto à rede de proteção social os encaminhamentos de adolescentes e jovens.

As oficinas são estratégias de aproximação e atendimento aos adolescentes e jovens, planejadas conforme as características locais e implantadas em diferentes locais das áreas de abrangência da Unidade de Prevenção à Criminalidade. Têm como foco a prevenção à criminalidade, proporcionando espaços de resolução de conflitos e rivalidades violentas, potencializando o acesso do público aos serviços e à rede de proteção social e favorecendo o acesso à cidade, além de

---

[4] Informações disponíveis em: http://www.seguranca.mg.gov.br/2013-07-09-19-17-59/2020-05-12-22-29-51/programas-e-acoes. Acesso em: 1º jun. 2021.

promover a discussão de temas relacionados à cidadania, aos direitos humanos e à participação social.

Vale destacar que o programa sofreu diversas reformulações, no decorrer dos anos, inclusive com mudanças na metodologia de ação e redução significativa de estrutura e recursos.

6) Ouvidoria de Polícia

Criada pela Lei nº 12.622, de 1997, de minha autoria, trata-se de órgão auxiliar do Poder Executivo na fiscalização dos serviços e atividades da polícia estadual. Tem como atribuição principal receber denúncias e reclamações de atos considerados ilegais, irregulares, abusivos, arbitrários, desonestos ou indecorosos, praticados por agente da polícia civil, policial militar e/ou bombeiro militar, bem como apurar a pertinência e propor medidas necessárias. Recebe denúncias como: abuso de autoridade; abuso de poder; agressão; ameaça; ausência dos profissionais nos postos de serviço; comportamento excessivo no cumprimento do dever; constrangimento ilegal; corrupção; demora no atendimento; demora no registro das ocorrências; falta de policiamento; indiferença no atendimento das reclamações; infração disciplinar; lesão corporal; mau atendimento; negligência; uso indevido da força. Atualmente, as funções da Ouvidoria de Polícia são assim definidas pelo Governo de Minas, em seu portal na Internet.[5]

> A Ouvidoria de Polícia recebe, registra, apura e envia resposta às reclamações, denúncias e sugestões dos cidadãos sobre às atividades das polícias e do Corpo de Bombeiros, provenientes de qualquer pessoa ou por intermédio dos órgãos de apoio e defesa dos direitos do cidadão. Recebe também das próprias polícias e do Corpo de Bombeiros reclamações contra irregularidades ou abuso de autoridade praticados por seus superiores ou por outros agentes públicos. Elabora relatórios de gestão, para indicar falhas ou gargalos no sistema de defesa social, propondo melhorias para o aperfeiçoamento dos serviços prestados à população. Promove nas academias das polícias e do Corpo de Bombeiros Militar, cursos sobre a democracia, cidadania e direitos humanos, sobre o papel da Ouvidoria, além do papel a ser exercido pela polícia. Busca o trabalho integrado com os diversos órgãos do Poder Judiciário e Ministério Público.

---

[5] Informações disponíveis em: http://www.ouvidoriageral.mg.gov.br/ouvidorias-especializadas/ouvidoria-de-policia. Acesso em: 1º jun. 2021.

A criação da Ouvidoria de Polícia deu origem a outras ouvidorias do estado de Minas Gerais, tais como a Ouvidoria Educacional, Ouvidoria do Sistema Prisional e Ouvidoria Ambiental, também criada por meio de lei de nossa autoria. Todas as ouvidorias estão, desde 2004, inseridas na estrutura da Ouvidoria Geral do Estado, mas devemos reconhecer que esta estrutura, em função da centralização, restringiu a autonomia da Ouvidoria de Polícia, fazendo que perdesse um pouco de sua eficácia.

7) Escritório de Direitos Humanos – Casa de Direitos Humanos

O programa Escritório de Direitos Humanos foi criado no Estado de Minas Gerais em 2003, com sede de funcionamento em Belo Horizonte, e hoje não existe mais. Suas ações foram inspiradas em experiências internacionais. Uma delas são as "clínicas legais de direitos humanos", escritórios-modelos voltados à capacitação de estudantes de Direito na advocacia em direitos humanos. A outra é a "educação paralegal", formação jurídica não formal de lideranças comunitárias, em direitos humanos, visando à resolução extrajudicial de conflitos e a multiplicação de conhecimento jurídico em suas comunidades.

Originalmente, eram focos de atuação do Escritório de Direitos Humanos a formação universitária, capacitação de lideranças comunitárias, pesquisas temáticas, atendimento jurídico especializado e apoio comunitário. Cabia às comunidades atendidas indicar as lideranças comunitárias para as atividades de formação. Tais lideranças identificavam em suas comunidades as violações de direitos humanos que poderiam ser atendidas juridicamente pelos estudantes. O Escritório de Direitos Humanos realizava, também, simpósios e seminários para aprofundar a educação em direitos humanos, enquanto instrumento fundamental para maior conscientização quanto a esses direitos.

Antes de ser extinto, o Escritório de Direitos Humanos integrava as atividades da Casa de Direitos Humanos (CDH), que hoje faz parte da estrutura da Superintendência de Participação e Diálogos Sociais, da Subsecretaria de Direitos Humanos, que por sua vez, é subordinada à Secretaria de Desenvolvimento Social (Sedese). No Portal do Governo de Minas, a Casa de Direitos Humanos é assim apresentada:

> Disponibiliza os serviços e programas desenvolvidos no âmbito dos Direitos Humanos atuando na promoção, proteção e reparação de direitos ameaçados ou violados. Localizada na área central da capital mineira, o que facilita o acesso da população aos serviços e programas,

a CDH fica em um prédio histórico agregando valor e visibilidade às políticas de Direitos Humanos. Reúne órgãos que prestam atendimento psicossocial e jurídico, encaminham e acompanham denúncias de cidadãos cujos direitos foram ameaçados ou violados e às vítimas de crimes violentos. Presta especial atendimento às mulheres vítimas de violência doméstica e intrafamiliar.[6]

8) Escola de Formação em Direitos Humanos (EFDH)

Trata-se de um programa atual da Secretaria de Estado de Desenvolvimento Social (Sedese) que propõe formação continuada sobre direitos humanos. Em sua página na Internet[7] a Sedese afirma que o objetivo do programa é contribuir para o fortalecimento da democracia e para a construção de uma cultura de paz, por meio da Rede de Educação em Direitos Humanos de Estado de Minas Gerais. São desenvolvidos cursos de formação e aperfeiçoamento nas modalidades presencial, semipresencial e a distância, em temáticas como: introdução aos direitos humanos, direitos das crianças e adolescentes, mulheres, pessoas idosas, igualdade racial, pessoas com deficiência, comunidades tradicionais, direitos das pessoas LGBTQIA+, cidadãos em situação de rua, direito à memória e à verdade, dentre outras.

9) Promotorias de Direitos Humanos – CAO-DH

Além das ações do Executivo Estadual, é preciso reconhecer a atuação pioneira do Ministério Público de Minas Gerais na proteção dos direitos humanos. Fato é que o Estado foi o primeiro do Brasil, há mais de três décadas, a instituir uma Promotoria de Direitos Humanos e Conflitos Agrários. Em sua primeira fase, tendo à frente o procurador Afonso Henrique de Miranda Teixeira e o promotor Antônio Aurélio, a atuação deste órgão representou um divisor de águas no combate à violação dos direitos humanos no Estado. Violadores contumazes, que se aproveitavam da impunidade, foram investigados e punidos graças ao trabalho sério dessa promotoria.

Com o tempo, o Ministério Público reformulou sua estrutura na área dos direitos humanos, mas mantendo sua atuação. Destaco o trabalho sério e cooperativo do promotor Rodrigo Filgueiras, que por

---

[6] Disponível em: http://direitoshumanos.social.mg.gov.br/pagina/atendimento/casa-de-direitos-humanos. Acesso em: 1º jun. 2021.

[7] Informações disponíveis em: https://social.mg.gov.br/direitos-humanos/escola-de-direitos-humanos

anos foi coordenador do Centro de Apoio Operacional às Promotorias de Direitos Humanos (CAO-DH), hoje a cargo do promotor Francisco Angelo Silva Assis. Já o incansável Afonso Henrique continua a se dedicar à causa, à frente do Centro de Apoio Operacional das Promotorias de Justiça de Conflitos Agrários (Caoca), que foi desmembrado. Não tenho dúvidas de que muitos dos programas de promoção e garantia de direitos criados em Minas Gerais, nos últimos anos, foram provocados pela atuação firme e corajosa da Promotoria de Direitos Humanos.

10) Promotorias de Defesa da Saúde

A garantia do direito à saúde é também uma área de importante atuação do Ministério Público de Minas Gerais, por meio das Promotorias de Justiça de Defesa da Saúde. Entre os principais focos dessas Promotorias,[8] está a fiscalização do Sistema Único de Saúde (SUS), a fim de garantir que a população tenha acesso aos serviços de assistência médica, laboratorial e hospitalar, triagem neonatal (teste do pezinho) e fornecimento de medicamentos indispensáveis a tratamentos especializados. O MPMG pode intervir, por exemplo, para solicitar ao Poder Público estadual ou municipal a regularização de serviços públicos de saúde, como UTIs, consultas especializadas, exames, entre outros, agindo por meio de recomendação, acordo e até mesmo ação civil pública e liminar, junto à Justiça.

As Promotorias de Defesa da Saúde também atuam para garantir médicos, postos de saúde e agentes comunitários de saúde nas cidades, além cobrarem e participarem da criação de comitês e programas de governo para o enfrentamento de calamidades e epidemias. Mais recentemente, foram criadas Coordenadorias Regionais de Promotorias de Justiça de Defesa da Saúde, sob a coordenação do Centro de Apoio Operacional das Promotorias de Justiça de Defesa da Saúde (CAO Saúde), com o objetivo de promover uma atuação articulada em âmbito regional para a proposição de políticas públicas e atendimento de demandas coletivas.

Atualmente, o CAO Saúde tem como coordenador o promotor de Justiça Luciano Moreira de Oliveira, mas deve ser destacada a atuação sempre cidadã da Promotora Josely Ramos Pontes, de Belo Horizonte, que sempre foi o grande destaque nessa área em Minas Gerais.

---

[8] Informações disponíveis em: https://www.mpmg.mp.br/areas-de-atuacao/defesa-do-cidadao/saude/apresentacao/apresentacao.htm. Acesso em: 2 jun. 2021.

11) Casa da Cidadania – Dois contra o mundo

A Defensoria Pública do Estado de Minas Gerais (DPMG) é outra instituição que tem buscado se estruturar no âmbito da promoção e proteção dos direitos humanos. Destaque, aqui, para o projeto Casa da Cidadania. O programa, pioneiro no Brasil, criou, em 2009, uma unidade da Defensoria Pública dentro de uma favela de Belo Horizonte, o Morro do Papagaio. A iniciativa foi resultado de uma parceria da Defensoria Pública com o programa Polos da Cidadania, da Universidade Federal de Minas Gerais (UFMG), e o Movimento Rede Favela e Periferia. O Casa da Cidadania tinha como objetivo prestar orientação jurídica e resgatar a cidadania de parcela da população que não conhece seus direitos. O programa previa, ainda, a implantação de unidades da Defensoria em outras favelas e locais da periferia de Belo Horizonte.

Atualmente, a Defensoria Pública de Minas Gerais prepara outro projeto de atendimento em comunidades carentes, a ser desenvolvido após o fim das restrições em função da pandemia de covid 19: o "Dois contra o mundo",[9] uma parceria entre a DPMG e as comunidades, com a participação de universitários e representantes locais. Inicialmente, o projeto será executado em seis comunidades de Belo Horizonte: Alto Vera Cruz, Pedreira Prado Lopes, Morro das Pedras, Morro do Papagaio, Sumaré e Conjunto Santa Maria.

O "Dois contra o mundo" envolve estudantes dos cursos de Direito e Assistência Social que moram nas localidades atendidas. Os universitários recebem capacitação, por meio da Escola Superior da Defensoria Pública.

Apesar de tais esforços, ainda é patente que a Defensoria Pública continua sendo a "prima pobre" das instituições que atuam no campo da justiça. Isso se deve não somente à carência de recursos para a instituição, mas ao número insuficiente de defensores públicos. Segundo dados da ANDEP divulgados em 2018, Minas Gerais possuía 183 comarcas, em 296, sem atendimento de defensores.

12) Mediação de conflitos

Uma importante política pública de direitos humanos, inspirada pelos princípios da chamada Justiça Restaurativa, são as mesas de

---

[9] Informações disponíveis em: https://defensoria.mg.def.br/index.php/2020/10/20/defensoria-de-minas-inicia-capacitacao-de-universitarios-residentes-em-comunidades-por-meio-do-projeto-dois-contra-o-mundo/. Acesso em: 1º jun. 2021.

negociação para a mediação de conflitos. Neste âmbito, é interessante destacar a experiência de Minas Gerais, com a "Mesa Estadual de Diálogo e Negociação Permanente com Ocupações Urbanas e Rurais e outros grupos envolvidos em conflitos socioambientais e fundiários", instalada em 2015, durante o Governo Fernando Pimentel. A Mesa de Diálogo configurou um importante espaço de mediação de conflitos fundiários e, ainda que criada por decreto do Poder Executivo, foi uma conquista da luta popular pela abertura de um canal de diálogo dos sem-teto, moradores de ocupações e movimentos sociais com a institucionalidade. Lamentavelmente, este espaço ficou inativo, com a eleição de um novo governo em Minas.

Também o Tribunal de Justiça de Minas Gerais (TJMG) instalou em 2015 sua mesa de diálogo: o Centro Judiciário de Solução de Conflitos e Cidadania para Demandas Territoriais Urbanas e Rurais e de Grande Repercussão Social – Cejus Social. A unidade foi a primeira do gênero no país, tendo como objetivo concentrar a solução de demandas sociais – conflitos agrários, relacionados a ocupações de terra e outras demandas territoriais, urbanas e rurais e de grande repercussão social. "A iniciativa é importante, sobretudo, porque faz parte hoje da política do Poder Judiciário de encontrar formas alternativas de solução de conflitos", destacou o presidente do TJMG à época, desembargador Pedro Bitencourt.

Judiciário revela grande sensibilidade

Se outros poderes públicos, instituições e órgãos do Estado despertaram para a relevância dos direitos humanos, enquanto condição de concretização do regime democrático, o que não dizer do Poder Judiciário estadual. Ainda que persista, em âmbito nacional, uma falsa impressão de que o Judiciário mineiro é conservador, com toda a certeza, não é o que ocorre no que tange aos grandes princípios da democracia.

Prova disso é que foi da Justiça mineira, a partir de uma denúncia e investigação da Comissão de Direitos Humanos da Assembleia Legislativa, na minha presidência, a primeira condenação por crime de tortura, com sentença confirmada em Brasília. Também ocorreu em Minas a maior sentença por crime de tortura e a primeira condenação de mulher por esse crime. Devem ser destacadas, ainda, as decisões pioneiras relativas à violência contra a mulher, responsabilização do Estado em crime de omissão na guarda de presos, questões agrárias e de moradia, união civil de homossexuais, direito previdenciário destes casais, mudanças de nome de transexuais, entre outras.

E também no que tange às políticas públicas de direitos humanos o Judiciário mineiro tem lugar de destaque. Entre suas ações neste sentido, destacam-se os programas Novos Rumos e PAI-PJ.

Novos Rumos para a Execução Penal

A preocupação com a crise do sistema prisional revela a sensibilidade do Judiciário mineiro para com os direitos humanos. O Tribunal de Justiça não cruzou os braços frente ao problema, deixando a cargo somente do Executivo a busca de soluções. Em 2001, lançou o projeto Novos Rumos na Execução Penal – hoje, denominado Programa Novos Rumos –, com o objetivo de incentivar a criação e expansão no Estado da Associação de Proteção e Assistência ao Condenado – APAC, enquanto alternativa de humanização do sistema prisional no Estado.

O Programa Novos Rumos demarca a atuação inovadora do Tribunal de Justiça de Minas Gerais para a humanização do cumprimento das penas privativas de liberdade, a reinserção social do egresso e a justiça social. Para tanto, o Novos Rumos presta apoio institucional ao Método APAC, especialmente, na mobilização de juízes e da sociedade civil para o bom funcionamento e a expansão das APACs. Visa disseminar e consolidar a metodologia, para sua implantação em todas as comarcas do Estado. Por sinal, o investimento nas APACs, enquanto política pública do Estado, foi, por muitos anos, amplamente defendido por nós na Comissão de Direitos Humanos da Assembleia Legislativa de Minas e junto ao governo do Estado.

Segundo dados da Fraternidade Brasileira de Assistência aos Condenados (FBAC), divulgados em março de 2021, existem 137 APACs organizadas juridicamente em 14 estados brasileiros, incluindo o Distrito Federal. Destas, 87 estão em Minas Gerais, sendo 45 delas funcionando em Centros de Reintegração Social, em prédios próprios, administradas por recuperandos, sem policiais ou agentes penitenciários.[10]

O Método APAC, adotado enquanto política pública do Estado, tem sido dos mais eficientes, não somente em seus resultados de recuperação – em torno de 85% –, mas pela valorização da dignidade humana no cumprimento das penas de restrição de liberdade. Isso,

---

[10] O tema das APACs foi tratado por nós, com profundidade, no livro *APAC: a face humana da prisão*, cuja versão revisada e atualizada foi publicada em 2021.

porque visa não somente a punição do condenado, mas sua recuperação e reinserção no convívio social, na perspectiva de que, evitando a reincidência, promove a proteção da sociedade.

Além de se inspirar no princípio da dignidade da pessoa humana, tem como fundamento a convicção de que ninguém é irrecuperável, na compreensão de que todo homem é maior que a sua culpa. Seus principais diferenciais são: a participação da comunidade, sobretudo através do voluntariado; a solidariedade e cooperação entre os recuperandos; o trabalho, como possibilidade terapêutica e profissionalizante; a religião, como fator de conscientização do recuperando como ser humano, ser espiritual e ser social; a assistência social, educacional, psicológica, médica e odontológica, como apoio à sua integridade física e psicológica; a família do recuperando, como um vínculo afetivo fundamental e como parceira para sua reintegração à sociedade; e o mérito, como uma avaliação constante que comprova a sua recuperação, já no período prisional.

O Programa Novos Rumos atua, ainda, em duas outras frentes: o acompanhamento de pessoas em situação de sofrimento psíquico que cometeram algum crime, por meio do Programa de Atenção Integral ao Paciente Judiciário (PAI-PJ); e um segmento voltado às atividades do Grupo de Monitoramento e Fiscalização do Sistema Carcerário.

Regulamentado pela Resolução nº 925/2020 do Tribunal de Justiça, o Programa Novos Rumos é vinculado à presidência do órgão, tendo cada um de seus três segmentos coordenado por um desembargador, auxiliado por um juiz de direito.

Programa PAI-PJ

Criado em março de 2000, em uma iniciativa do Tribunal de Justiça de Minas Gerais (TJMG), o Programa de Atenção Integral ao Paciente Judiciário (PAI-PJ) completou 21 anos de atuação. Voltado ao acompanhamento de pacientes com sofrimento mental que cometeram algum crime, já na sua primeira década de existência, o programa ganhou destaque nacional, tornando-se modelo e servindo de base para outros projetos. O trabalho com o paciente judiciário desenvolveu-se, desde a fase inicial, em três eixos: psicologia, assistência social e assistência jurídica. Incluía estudo dos autos, entrevistas com o paciente e seus familiares e discussão com a rede pública de saúde mental, traçando um projeto clínico para cada caso, bem como verificando condições de acolhimento pela sociedade. Também contemplou encontros com grupos de familiares, atividades de coral com pacientes, entre outras. Com baixíssimo índice de reincidência dos pacientes do programa, o PAI-PJ é, hoje, referência no tratamento humanizado do paciente judiciário, não somente no Brasil mas em outros países. Sua estrutura e funcionamento atuais foram regulamentados na Resolução nº 944/2020 do TJMG.[11] Vinculado ao Programa Novos Rumos, o PAI-PJ tem entre suas atribuições:

- acompanhamento dos processos criminais e infracionais;
- acompanhamento jurídico e clínico-social do paciente judiciário para garantir o exercício de direitos fundamentais;
- atuar como conector entre o sistema jurídico e as redes públicas assistenciais;
- realizar interlocução com a equipe pericial quando houver atuação desses profissionais, emitir relatórios e pareceres ao juiz competente;
- sugerir à autoridade judicial medidas processuais pertinentes, baseadas no acompanhamento clínico-social do paciente, realizado segundo modelo de saúde mental aberto e de base comunitária;
- promover, em caso de internação, as articulações junto à rede pública de saúde ou conveniada, para acolhimento do paciente judiciário em situação de grave sofrimento psíquico.

Desafios ainda são muitos

Não obstante a relevância de políticas públicas em direitos humanos já implementadas, tanto em nível estadual e municipal como em nível federal – no qual destacamos o Plano Nacional de Direitos Humanos e o Plano Nacional de Educação em Direitos Humanos –, ainda há vários desafios a serem enfrentados em nosso país para que o Poder Público cumpra o seu papel de garantidor desses direitos.

Lamentavelmente, tivemos no Brasil, na última década, vários retrocessos nesse campo, não somente na esfera político-governamental, como sinalizamos no início desta reflexão, mas no que tange a políticas

---

[11] Disponível em: https://www.tjmg.jus.br/portal-tjmg/informes/estrutura-e-funcionamento-do-pai-pj.htm . Acesso em: 1º jun. 2021.

públicas, que deveriam ser de Estado, e não de governos. Sobre este tema, é muito pertinente o estudo do cientista político Otávio Dias de Souza Ferreira, da USP, na tese de doutorado "Do Carandiru à lei antiterror: democratização e maré cinza na esfera pública sobre direitos humanos no sistema punitivo em São Paulo",[12] defendida em 2019.

Em linhas gerais, a pesquisa demonstra que, nas últimas décadas, o tema dos direitos humanos teve no Brasil duas fases distintas. A primeira, que começa nos anos 1990, foi marcada por um fenômeno de expansão dos direitos humanos, resultante do que o pesquisador denomina "democratização", e pela implantação de diversos programas e políticas públicas de direitos humanos. A fase se inicia a partir da reação da sociedade civil ao chamado Massacre do Carandiru, ocorrido em 1992, quando 111 presos foram assassinados em uma invasão da Polícia Militar ao presídio. Tal período teve como ponto alto a implementação, em 2009, do 3º Programa Nacional de Direitos Humanos (PNDH-3), cujo principal produto foi a criação da Comissão da Verdade, que apurou os crimes praticados pelo aparato repressor da ditadura militar no país.

O mesmo PNDH-3 teria sido o principal fator deflagrador da segunda fase, de retração das políticas públicas de direitos humanos. A partir de 2009, os direitos humanos passam a enfrentar um forte movimento de oposição, que cresce e ganha espaço, contribuindo para a deposição de Dilma Rousseff em 2016 e preparando terreno para a eleição de Jair Bolsonaro.

Em entrevista à página da Faculdade de Filosofia, Letras e Ciências Humanas da USP,[13] Ferreira faz uma síntese da pesquisa.

> (...) Assim, o fenômeno equivalente a uma virada à esquerda no Brasil, lido a partir dos embates em torno dos direitos humanos, deve tomar como marco inicial 1994, com a chegada de grupos progressistas com discursos que ressaltavam o controle de abusos do Estado e que tiveram impulso com a repercussão do Massacre do Carandiru. Iniciou-se ali um processo de progressiva democratização, com a fundação de várias agências e arranjos de participação nos diferentes entes federativos e nos parlamentos, da União ao município de São Paulo. O Brasil avançou na internacionalização dos direitos humanos e os discursos em defesa dos direitos humanos foram mantidos por longos anos, com algumas variações e disputas internas no campo progressista. Apesar dos avanços institucionais, não se logrou mitigar um histórico de violências e abusos

---

[12] A íntegra do estudo está disponível em: http://e.usp.br/eke. Acesso em: 1º jun. 2021
[13] Entrevista disponível em: https://www.fflch.usp.br/1854 . Acesso em: 1º jun. 2021.

de agentes estatais e algumas instituições tiveram pouca ou nenhuma permeabilidade a mudança de práticas, alinhada aos discursos das autoridades. Situamos o início da virada à direita no Brasil na reação ao PNDH-3, a partir de dezembro de 2009, considerando a união ampla de setores da direita política insurgindo-se contra toda uma agenda política do governo e conquistando uma improvável vitória quando se encontrava desacreditada. Coincidiu com o momento de popularização da internet no país e contou com a militância ampla em mídias e redes sociais digitais, ao lado das ações empreendidas na esfera pública formal ou central. O fato de a Comissão Nacional da Verdade ter sido o principal produto do PNDH-3 que saiu do papel, colocou determinados atores e discursos no centro da esfera pública e na liderança dessa coalizão da direita. A partir do fim de 2014, a retórica do combate à corrupção e da impunidade passa a ter predominância nesse movimento.

Assim como em nível federal, também em Minas registramos, nas duas últimas décadas, movimentos de ampliação e retração das políticas públicas de direitos humanos. E neste contexto, enfrentamos, ainda, outros limites. O primeiro deles é que, no âmbito do Executivo estadual, os direitos humanos não são tomados de forma sistêmica, integrada a outras áreas, pois que são objeto de uma subsecretaria da Secretaria de Estado de Desenvolvimento Social (Sedese). Isso, ao que nos parece, confere à temática um caráter secundário, como se fosse somente uma "ramificação" entre diversas outras políticas sociais. Dessa forma, prejudica-se a interdisciplinaridade com outras áreas de gestão, havendo o enfraquecimento da ação do Estado na promoção e garantia dos direitos humanos e, principalmente, impedindo que estes sejam tratados como prioridade.

Como já observamos, a lógica deveria ser contrária, tendo os direitos humanos como a base de todas as políticas públicas, atravessando-as, motivando-as e sustentando-as. É nessa perspectiva que os movimentos de direitos humanos, há muito, reivindicam que a subsecretaria de Estado de Direitos Humanos seja elevada ao *status* de secretaria independente, vinculada ao Gabinete de Governo e com autonomia administrativa e financeira. Por sinal, esse foi um caminho seguido por vários estados brasileiros, com resultados muito positivos.

Cabe ressaltar, ainda, que a falta de recursos tem sido um grande obstáculo à implementação das políticas de direitos humanos em Minas. O orçamento do setor é pífio e, definitivamente, não corresponde às demandas do Estado. Mudar essa realidade requer, antes de tudo, uma mudança de mentalidade por parte dos administradores públicos, a fim de que se conscientizem de que investir em direitos humanos é tão importante quanto investir em qualquer política social de primeira necessidade.

Outro desafio a ser enfrentado está também no âmbito da contradição. Se já implantou, no passado, uma série de políticas públicas que demonstram a preocupação com os direitos humanos, em outras ações, o governo de Minas pareceu, na maioria das vezes, estar preso a uma visão retrógrada, segundo a qual os direitos humanos podem representar entraves para a atuação governamental. Essa nos pareceu ser, por exemplo, a justificativa para que, "misteriosamente", em setembro de 2008, o governo estadual tivesse cancelado a assinatura do Termo de Adesão do Estado de Minas Gerais ao Plano de Ações Integradas para a Prevenção e o Combate à Tortura no Brasil. A solenidade de assinatura chegou a ser preparada, com a presença do então ministro da Secretaria de Direitos Humanos, Paulo Vannuchi, e de representantes de vários órgãos estaduais, como Ministério Público, Tribunal de Justiça, Defensoria Pública e Assembleia Legislativa, que já haviam anunciado sua adesão. Mas, no dia da assinatura, a Secretaria de Estado de Defesa Social fez ressalvas ao Termo e acabou não assinando.

Na atualidade, as políticas públicas de direitos humanos se encontram ainda mais fragilizadas em Minas Gerais, sobretudo, no âmbito do Executivo estadual. Algumas delas foram extintas e outras enfraquecidas, não havendo uma estratégia de visibilidade às políticas de direitos humanos ou de fortalecimento e ampliação, diferentemente do que ocorre nas esferas do Judiciário e do Ministério Público. Enquanto isso, crescem as denúncias de violações de direitos humanos. Dados recentes demonstraram que, após a pandemia, aumentou o número de denúncias de violência contra mulheres e idosos. Sem contar a violência policial, que ainda é uma realidade. Segundo dados do Monitor da Violência, do Portal G1, 60 pessoas foram mortas pela polícia no Estado, somente nos primeiros seis meses de 2020.[14]

Por todo o exposto, à guisa de conclusão, mas sem a pretensão de encerrar o debate, pois que esta deve ser uma reflexão sempre em aberto, compartilho algumas pontuações do Sermão de Santo Antônio, do Padre Antônio Vieira (2001). Ele afirma que "o caminho que fizeram os portugueses era caminho que ainda não estava feito". Algo novo a ser ainda trilhado, navegando por mares desconhecidos, "nunca dantes

---

[14] Disponível em: https://g1.globo.com/mg/minas-gerais/noticia/2020/09/03/monitor-da-violencia-60-pessoas-foram-mortas-pela-policia-no-1o-semestre-de-2020-em-minas.ghtml.

navegados". "Mareavam sem carta, porque eles haviam de fazer a carta de marear".

Acredito ser este o maior desafio, hoje, no que tange aos direitos humanos e à sua garantia, através das políticas públicas. Para isso, não há "mapas", somente rumos indicados pela sensibilidade. Precisamos fazer o caminho; marear sem carta. Fazer as novas cartas de marear. "Navegar sem carta, nem roteiro, por novos mares, por novos climas, com ventos novos, com céus novos e com estrelas novas". Como aconselha Vieira: nunca perder o tino, nem a rota... Nas vitórias, conquistar terras; nos perigos, descobrir os baixos; na luta, compassar as alturas; e nas resistências, romper as correntes. Lembrando sempre os versos de Caetano: "gente é para brilhar".

DESVENDANDO O MAPA DOS DIREITOS HUMANOS EM MINAS[15]

> *O mundo precisa de um tipo diferente de liderança, de um tipo diferente de política e também de economia – de um sistema que funcione para todos e não apenas para alguns privilegiados.*
> (Irene Khan. Secretária-geral da Anistia Internacional)

O mundo passava por uma de suas maiores crises econômicas, cujo reflexo foi uma recessão profunda, com queda nos índices de emprego e no acesso ao crédito, falência de empresas, redução do crescimento, perda de moradia por trabalhadores que não conseguem pagar os empréstimos habitacionais, instabilidade nos mercados financeiros. Mas a pior de todas as consequências foi que todo esse quadro amplia geometricamente a miséria no globo terrestre.

Segundo o Banco Mundial (Bird), em 2009, mais 53 milhões de pessoas seriam empurradas para a pobreza, aumentando a absurda cifra que já estava na casa de 150 milhões. Por sua vez, a Organização Internacional do Trabalho (OIT) prevê que entre 18 e 51 milhões de pessoas poderiam ficar desempregadas. O rastro da crise e todas as suas mazelas é evidente: aumento da fome, de doenças, da insegurança e da violência estrutural. Ou seja, íamos viver em um mundo onde os direitos humanos ficariam mais desprotegidos e ameaçados. Ou, para nos expressar de outra maneira, podemos afirmar que a crise mais aguda foi e será a dos direitos humanos. E, para fazer frente a esse cenário, faz-se fundamental uma visão mais sistêmica desse problema.

---

[15] Texto escrito em 2010 e revisto em 2021.

Devemos ampliar a compreensão dos direitos humanos, considerando que devem ser pensados globalmente, principalmente a partir dos modelos econômicos.

O fracasso das políticas neoliberais e suas consequências previsíveis já eram esperados por economistas sérios, de diferentes visões ideológicas. Busca do lucro, em detrimento do ser humano; lógica da idolatria do mercado, com produção de desejos que não poderiam ser saciados por todos na sociedade; padrão de consumo dos ricos do mundo, que exigiria um desgaste das energias e dos recursos materiais do planeta, sem condições de renovação em curto e médio tempos; financeirização do capital, gerando uma economia virtual (quando a economia real indicava a existência de US$ 50 trilhões de recursos circulantes, a especulação chegava a US$ 600 trilhões); fuga de capitais do setor produtivo, acarretando um desemprego massivo; e as novas formas de colonialismo dos governos centrais (G8), com tendências conservadoras. Estas múltiplas faces da crise já eram prenúncios de que teríamos uma catástrofe ou um horror no processo de exclusão social e econômica. Sem contar que todas essas situações aprofundaram a crise ecológica, traduzida no acelerado aquecimento global, aumentando o efeito estufa, degelo nos polos e a extinção de muitas espécies de seres vivos.

Agora, são os países pobres – e os mais pobres desses países e também os pobres das nações ricas – os que mais sofrem com a crise do capitalismo. Para estes, os direitos humanos não são mais do que quimeras, discursos vazios e distantes, quando não, somente promessas em campanhas eleitorais. Trata-se de uma desigualdade absurda, aprofundada cada vez mais pelo modelo econômico predominante no mundo, como aponta Leonardo Boff, ao abordar o "cuidado" enquanto dimensão da ética

> Um dos maiores desafios lançados à política orientada pela ética e ao modo-de-ser-cuidado é indubitavelmente o dos milhões e milhões de pobres, oprimidos e excluídos de nossas sociedades. Esse antifenômeno resulta de formas altamente injustas da organização social hoje mundialmente integrada. Com efeito, graças aos avanços tecnológicos, nas últimas décadas verificou-se um crescimento fantástico na produção de serviços e bens materiais, entretanto, desumanamente distribuídos, fazendo com que 2/3 da humanidade viva em grande pobreza. Nada agride mais o modo-de-ser-cuidado do que a crueldade para com os próprios semelhantes (BOFF, 1999, p. 140).

Uma nova economia é possível

Economia e vida, por sinal, foi o tema da 3ª Campanha da Fraternidade Ecumênica (CFE) de 2010, organizada pelo Conselho Nacional das Igrejas Cristãs (Conic), do qual faziam parte à época: Igreja Católica Apostólica Romana, Igreja Cristã Reformada, Igreja Episcopal Anglicana, Igreja Evangélica de Confissão Luterana no Brasil, Igreja Ortodoxa Antioquina, Igreja Ortodoxa Grega, Igreja Presbiteriana Unida, Igreja Sirian Ortodoxa de Antioquia. Com esta campanha e sob o lema "Vocês não podem servir a Deus e ao dinheiro" (Lc. 6, 24), as Igrejas Cristãs deram continuidade à mesma preocupação de construção do Reino de Deus já expressa na campanha do ano 2000 – "Novo milênio sem exclusões" – e na de 2005 – "Felizes os que promovem a paz". Os três temas estão inseridos em um eixo em que a dignidade humana, a solidariedade e os direitos humanos são os pilares para a construção de uma sociedade mais justa. Sob esse ângulo, poder-se-ia questionar: mas qual a relação entre economia e vida? Afinal, a economia, este "ente" imaterial, tem sido apontada – enquanto modelo econômico vigente – como principal causa das violações dos direitos humanos.

Essa compreensão é perfeitamente justificável, levando-se em conta que, desde a Revolução Industrial, a economia tem sido abordada na lógica da esfera da produção de valores de troca para a comercialização em bases monetárias. Emerge como produto dessa mesma economia um outro sujeito imaterial, que ganha *status* de "senhor" não somente das lógicas da engrenagem social, mas da subjetividade: o mercado. Desperta desejos de consumo com os novos templos sagrados – os shopping centers – que já fazem parte dos cenários até de cidades do interior.

Para começar a mudar esta lógica, é preciso analisar a questão sob um outro prisma, entendendo que a economia, necessária em qualquer sociedade, nem sempre teve seu significado ligado a dominações e a injustiças. Procurar o significado fundante: essa tem sido uma constante em nossos esforços para "re-significar", para "re-presentar", na tentativa de encontrar um sentido outro das lógicas, que fuja do determinismo, do inevitável, e aponte outros caminhos, mais justos e mais solidários. Assim, é no significado etimológico da palavra economia que encontramos um ponto de partida para sua ressignificação. Conforme definição do dicionário etimológico Nova Fronteira da língua portuguesa, economia tem como significado original "*sf.* 'a arte de bem administrar uma casa ou um estabelecimento particular ou público'

XVI. Do lat. *oeconomia*, deriv. do gr. *Oikonomia*". Também a Wikipédia apresenta como sentido primeiro de "economia" a arte de administrar.

> a palavra "economia" pode ser traçada de volta à palavra grega οικονομία, "aquele que administra um lar", derivada de οικος, "casa", e νέμω, "distribuir (especialmente administrar)". De οικονόμος derivou-se οικονομία, que tinha não apenas o sentido de "administração de um lar ou família" mas também de "frugalidade", "direção", "administração", "acordo", e "renda pública de um Estado".

Como vemos, o sentido pode ser outro: Eco (Oikós) com o significado de casa, habitação, bens de uso comum e até um sentido de família e "nomia" (nómos), no sentido de opinião geral, o que é de lei e de direito. Daí a definição de Economia enquanto ciência (leis, opiniões gerais, princípios) que estuda os fenômenos, os fatos, os acontecimentos relacionados com a obtenção e a utilização dos recursos materiais necessários ao bem-estar dos homens e mulheres nesta grande casa humana, com o propósito de manter com vida toda a grande família da Terra. Ou seja, economia, em seu sentido original, carrega algo que é fundamental para garantir à grande casa humana um funcionamento harmônico, com bem-estar, felicidade, meio ambiente equilibrado; ou o que poderíamos sintetizar como uma sociedade de direitos para todos.

Uma opção pelos direitos humanos tem que ter a dimensão de que o interesse econômico hoje sacrifica pessoas, cria desigualdades inaceitáveis e se torna o grande ídolo que governa a sociedade, aprofundando a violência, a exclusão social e o medo que impera em muitos setores sociais. Assim, as perguntas que se colocavam para os cristãos no Brasil que estiveram envolvidos com a Campanha da Fraternidade de 2010 eram: A economia deve, necessariamente, ter essa lógica perversa? Não é possível falar de uma outra economia, a partir do coração do Evangelho? Vida e economia são duas palavras que podem dar uma liga virtuosa? O texto-base da Campanha da Fraternidade mostrava que uma nova economia era possível, a partir de novos valores, com a organização dos excluídos, em uma dimensão de solidariedade e de efetivação dos direitos humanos.

Se nos últimos 350 anos, o capitalismo identificou ECO-NOMIA como ciência da morte, da exclusão, de privilégios de poucos para a dominação de muitos, da maioria da população, este não é o caminho que deveria ser trilhado. ECO-NOMIA existe para a pessoa e não a pessoa para a economia. Toda a vida econômica deverá ser orientada por princípios éticos. E a medida ética fundamental para qualquer economia é um sistema que crie condições de segurança e oportunidades de desenvolvimento da vida dos mais pobres e vulneráveis. Dessa forma, a economia ou, melhor dizendo, toda economia deveria estar a serviço da vida, resgatando a vida, promovendo a vida, construindo a vida.

E vida não somente no sentido de garantia da sobrevivência, mas vida plena, na qual a economia possa ser sinônimo da satisfação das necessidades físicas, afetivas e psicológicas de todos os seres humanos. Vida, enquanto realidade de igualdade de direitos, respeito à dignidade humana e em que todos possam conviver fraternalmente e em harmonia. Vida, em que haja a conscientização de todos, governantes e cidadãos, para a premência de se zelar pela "mãe Terra", a "Gaia", de se preservar seus recursos, de não envenenar seu ar e suas águas, de não destruir suas matas. Enfim, de proteger justamente o que nos foi dado como fonte maior da própria vida. Este é o único caminho para se proteger, cuidar, resgatar e promover os direitos humanos.

A culpa é dos direitos humanos?

Não raro, ouve-se de políticos, policiais, comunicadores, formadores de opinião em geral que a culpa pelo aumento da violência na sociedade é dos direitos humanos. Um conhecido teve o carro roubado e, ao dar queixa na delegacia, ouviu do delegado – que, por sinal, era seu amigo – a mesma explicação simplista. "Hoje, não conseguimos apurar mais nada. Se dermos um 'apertinho' em um meliante para que abra o bico, vem o presidente da Comissão de Direitos Humanos e nos manda para a Corregedoria. Assim não dá para apurar crime nenhum".

Já outro dia, em programa de uma grande emissora de rádio, ouvi o relato de um crime hediondo cometido contra uma jovem senhora que teve a vida ceifada. E o jornalista soltou a seguinte pérola: "A responsável por este crime é esta Comissão de Direitos Humanos, que fica passando a mão na cabeça de bandido". Solicitei o direito de resposta, que foi democraticamente concedido.

Na mesma linha, tem crescido a campanha para a redução da maioridade civil e sempre ouvimos: "O culpado é o Estatuto da Criança e do Adolescente, com suas políticas de direitos humanos". Interessante notar que, quando adolescentes de classe média e alta começaram a aparecer nos noticiários como autores de crimes – alguns hediondos –, essa campanha diminuiu na mídia eletrônica.

Alguém com autoridade política, moral e religiosa – e diria até técnica – afirmou um dia que "o pior cego é aquele que não quer ver".

A essa máxima, acrescentaria que o pior cego é aquele que não pode ver, ou ainda, vê, mas não admite a realidade que está vendo. À mesma conclusão parece ter chegado José Saramago, em seu livro *Ensaio sobre a cegueira*, quando escreveu o seguinte diálogo entre o personagem do médico e sua esposa: "Porque foi que cegámos, Não sei, talvez um dia se chegue a conhecer a razão, Queres que te diga o que penso, Diz, Penso que não cegámos, penso que estamos cegos, Cegos que veem, Cegos que, vendo, não veem" (SARAMAGO, 1995, p. 210).

Acredito que o caminho para alcançarmos a luz é um só: mais direitos humanos. Somente com o respeito aos direitos humanos vamos ter paz e tranquilidade permanentes. "A paz é fruto da justiça" (Is 17, 32): era o que, há 2.500 anos antes de Cristo, o profeta Isaías já constatava, em um dos momentos de maior tormento para o povo de Deus, quando do exílio babilônico. Momento de tristeza, dor e, por que não dizer, violações de direitos humanos.

O trinômio paz-justiça-direitos humanos foi o foco da Conferência Nacional dos Bispos do Brasil (CNBB) na Campanha da Fraternidade de 2009, que teve como tema justamente a máxima de Isaías. E também no relatório da Anistia Internacional (Informe 2009), logo no prefácio, a Secretária-geral Irene Khan, aponta este mesmo caminho.

> Os governos devem investir em direitos humanos com a mesma disposição que investem em crescimento econômico. Devem ampliar e apoiar os meios de saúde, educação; acabar com a discriminação; dar poder às mulheres; estabelecer normas universais e sistemas eficazes para que as corporações prestem contas quando cometem abusos contra os direitos humanos. Devem construir sociedades abertas em que o Estado de direito seja respeitado, em que a coesão social seja firme, em que a corrupção seja erradicada e em que os governos prestem satisfações. (...) A história nos ensina que as maiores lutas que conquistaram grandes mudanças – como a abolição da escravatura ou a emancipação das mulheres – não começaram por iniciativa dos Estados, mas pelos esforços das pessoas comuns. (...) É ao poder que está nas mãos do povo que devemos recorrer para fazer pressão sobre nossos líderes (KHAN, 2009, p. 21-22).

Destaco, ainda, dentro deste enfoque sistêmico dos direitos humanos, uma abordagem do ensino social da Igreja, na 4ª Conferência Geral do Conselho Episcopal Latino-americano – CELAM – em Santo Domingo:

Os Direitos Humanos são violados não só pelo terrorismo, repressão, assassinato, mas também pelas condições de extrema pobreza e de estruturas econômicas injustas que originam grandes desigualdades. A intolerância política e o indiferentismo diante da situação de empobrecimento generalizado mostram um desprezo pela vida humana concreta que não podemos calar.

Merecem uma denúncia especial as violências contra os direitos da criança, da mulher e dos grupos mais pobres da sociedade: camponeses, indígenas e afro-americanos (1992, nº 167).

O olhar que quer ver

Na perspectiva de que os direitos humanos precisam ser traduzidos em políticas públicas e os resultados de tais políticas monitorados permanentemente, a Comissão de Direitos Humanos da Assembleia Legislativa de Minas Gerais, da qual fui presidente, tem se debruçado sobre o tema. Em 9 de dezembro de 2008, realizamos audiência pública para discutir a síntese de um diagnóstico produzido pelo Observatório de Direitos Humanos de Minas Gerais, órgão da Secretaria de Estado de Desenvolvimento Social (Sedese).[16]

No trabalho, coordenado pelo professor João Batista Moreira Pinto, diretor do Instituto de Direitos Humanos (IDH), foi feito um diagnóstico estatístico sobre os direitos humanos nos 853 municípios do estado de Minas Gerais. Por ocasião da apresentação do estudo na Comissão de Direitos Humanos, a superintendente de Integração de Políticas de Direitos Humanos da Sedese, Márcia Martini – militante com longa luta pela causa –, falou da importância de se desenvolver um diagnóstico específico para a definição das ações governamentais na área:

> Tão logo entramos na Secretaria, detectamos uma deficiência: não é possível fazer gestão sem instrumentos de planejamento estratégico. O diagnóstico é o primeiro deles. Com muito esforço, a partir de demandas que recebíamos ou da intuição de como cada área precisava ser tratada, hoje temos um diagnóstico com rigor técnico. Não são números frios, são coletados por fonte oficial, que nos permitem analisá-los sob o prisma dos direitos humanos. Talvez seja essa a maior inovação do Observatório. Esses números, que já existem e estão depositados nas áreas específicas, nas várias áreas setoriais de direitos humanos, são

---

[16] Algumas tabelas e mapas deste diagnóstico constam do Anexo II desta publicação.

sistematizados e analisados em uma perspectiva de direitos humanos (MARTINI, 2008, p. 11).

Por sua vez, a diretora do Observatório de Direitos Humanos de Minas Gerais, Raquel Brandão Toussaint, explicou que a proposta do diagnóstico, inédito no Brasil, é, através dos dados, traduzir, de forma acessível a todos, a realidade dos direitos humanos no Estado. Mais do que isso, o objetivo foi subsidiar as políticas públicas na área e ser ferramenta na luta pelos direitos humanos:

> As mudanças ocorridas na administração pública e a implantação de sistemas de planejamento plurianual provocaram o interesse pela utilização de indicadores como forma de avaliar e monitorar as políticas públicas. Para o Prof. Januzzi, que estuda há muito tempo a questão da utilização de indicadores como mecanismo de avaliação de programas sociais e é uma referência nessa área, o interesse veio também com o aprimoramento das formas de controle social. Para o professor, o indicador nada mais é que uma medida, em geral quantitativa, que operacionaliza um determinado conceito abstrato. O que pretendemos com os indicadores que apresentaremos no relatório é essa operacionalização; é detalhar a realidade dos direitos humanos no Estado; é traduzir para a população a realidade dos direitos humanos (TOUSSAINT, 2008, p. 15).

Já o Subsecretário de Direitos Humanos de Minas Gerais, João Batista de Oliveira – símbolo da luta pelos direitos humanos, tanto como militante quanto como vereador de Belo Horizonte e deputado estadual – destacou que, mais do que subsidiar as políticas públicas, o diagnóstico será instrumento fundamental para o controle social:

> Formular política pública é obrigação da Secretaria que faz o planejamento do Estado. Mas o mais importante de um relatório como esse é constituir ferramenta valiosa para o controle social. (...) Esse relatório permitirá o controle da sociedade civil, do parlamento, dos Municípios que precisam melhorar os índices (OLIVEIRA, 2008, p. 7).

Não podemos deixar de concordar e reforçar as avaliações dos convidados daquela audiência pública da Comissão de Direitos Humanos. O diagnóstico é instrumento fundamental para ampliar a visão dos direitos humanos em Minas, enquanto objetos de políticas globais de direitos. Até então, pouco se sabia, numericamente, sobre a situação dos direitos humanos no Estado, como apontou Toussaint:

A falta de números oficiais consolidados nos deixava sem parâmetros para avaliar nossos trabalhos e a efetividade de nossas políticas. Além do mais, cabe ressaltar a importância de iniciarmos essa tarefa de reunir periodicamente informações, para que realizemos também análises históricas acerca do tema. Como o relatório será bienal, teremos como confrontar, com rigor técnico, os índices hoje apresentados com aqueles que serão obtidos em 2010, avaliando-se a efetividade de políticas setoriais no Estado e nos Municípios (TOUSSAINT, 2008, p. 117).

Conforme explicou o diretor do IDH, o diagnóstico feito em Minas tomou como referência o trabalho realizado pelo Sistema Intraurbano de Monitoramento de Direitos Humanos – SIM-DH –, na cidade de São Paulo. Foram utilizados os mesmos indicadores, até com a proposta preliminar de unificação da metodologia para um possível levantamento em nível federal, no futuro. Os dados foram levantados junto a órgãos oficiais, como o IBGE, Polícia Militar de Minas Gerais, Fundação João Pinheiro, Secretaria de Educação, Tribunal Regional Eleitoral e Data-SUS, do Ministério da Saúde. Cada uma das dimensões avaliadas tinha seus indicadores, a exemplo de percentual de risco, renda domiciliar *per capita*, pessoas com rede geral de esgoto, percentual de pessoas com cinco anos ou mais não alfabetizadas.

Entre as dimensões abordadas no estudo estavam:

1 *socioeconômica,* com avaliação de áreas de risco, ocupação no mercado formal, mortalidade infantil, entre outras;

2 *violências,* com indicadores de tentativas de homicídio por local de ocorrência, taxa de registro de lesão corporal por município, taxa de homicídios entre a população masculina de 15 a 29 anos, por local de moradia (não foram obtidos junto à Polícia Militar dados sobre a mortalidade em confrontos com a polícia);

3 *criança e adolescente,* com os indicadores de educação – taxas de reprovação, de distorção no ensino fundamental e no ensino médio –, de internações de menores de cinco anos, por diarreia aguda, de internação de crianças e adolescentes até 14 anos, por agressão;

4 *mulheres,* com comparação do rendimento médio em relação aos homens, taxa de crescimento da participação no mercado formal de trabalho, percentual de votos em candidatas, proporção de curetagens, gravidez precoce, mortes por causa materna, percentual de mulheres chefes de família;

5   *negros*, com os indicadores de mulheres negras de 10 a 17 anos com filhos, percentual de negros que recebem até um salário mínimo e de analfabetos.

Sem dúvida, são indicadores muito pertinentes para uma análise aprofundada da situação dos direitos humanos em Minas Gerais. Mas é lamentável que uma instituição do próprio Poder Público não tenha se disposto a informar dados tão fundamentais como os da letalidade policial, principalmente levando-se em conta a relevância do estudo para a própria ação do Estado. Isso mostra que ainda há uma mentalidade corporativista e retrógrada em algumas instituições públicas, que não combina com o modelo moderno de gestão.

Mas acredito que o maior problema não é a falta de dados e sim o fato de que eles existem e são contraditórios. A Ouvidoria de Polícia apresentou, em maio daquele ano, no Conselho dos Colegiados das Corregedorias – no qual representei a Assembleia Legislativa – o dado de que a letalidade policial havia aumentado cerca de 50% em 2007, em relação a 2006. Conforme levantamento feito pela Fundação Guimarães Rosa, enquanto em 2006 50 civis foram mortos em confrontos com a polícia, em 2007, o número estimado foi de 74.

Um mês depois, em reunião do Conselho de Defesa Social, o corregedor de polícia apresentou números segundo os quais a Polícia Militar havia matado três vezes menos, em 2007. Obviamente, questionei este desencontro de dados e cobrei as informações corretas. Até o momento, o Conselho de Defesa Social não se reuniu para dirimir esta polêmica.

Na Comissão de Direitos Humanos, trabalhamos com os dados da Ouvidoria de Polícia, que são os do Plano Nacional de Direitos Humanos. A polícia mineira tem matado duas vezes mais, enquanto o número de policiais mortos reduziu a um terço do que era. É claro que comemoramos a diminuição de mortes de policiais, mas seria também muito bom que a polícia matasse três vezes menos. Mesmo porque tem aumentado o número de civis sem ficha policial mortos em confrontos com a polícia.

E ainda segundo informou o professor Ignacio Cano, da Universidade Estadual do Rio de Janeiro (UERJ) – que coordenou a pesquisa apresentada pela ouvidoria –, enquanto aumentou o número de mortes, diminuiu consideravelmente o número de civis feridos em confrontos com a polícia, que de 135, em 2006, caiu para a estimativa de 98, em 2007. Esse dado pode ser um indicador do aumento das execuções sumárias, como reconheceu o professor.

Já em relação ao estudo feito pelo Observatório de Direitos Humanos, além da ausência dos dados sobre a letalidade policial, outro apontamento a ser feito é que faltou a análise de dimensões importantes, como pessoa idosa e portador de deficiência. Também seria importante que os números relativos à situação prisional fossem apresentados, mesmo que fosse por regiões do Estado. Estas foram as sugestões para o seguinte diagnóstico, em 2010.

Um mapa dos direitos

O diagnóstico mostra a média, por município, de cada uma das dimensões consideradas: socioeconômica, violência, criança e adolescente, mulheres e negros. E apresenta, também, a média de cada um dos 29 indicadores. A situação de cada município foi avaliada em índices que vão de alta garantia de direitos até precária garantia (as médias consideradas foram: alta garantia de direitos humanos, boa garantia, média garantia, baixa garantia, precária garantia). Isso significa que cada município terá condições de verificar sua média, por indicador ou dimensão, o que será de grande valia para que o Poder Público analise as situações mais críticas da cidade, a eficiência de suas políticas públicas e verifique as áreas que requerem mais investimentos. Será também fundamental para que a sociedade civil cubra as ações necessárias e acompanhe a evolução do quadro. Os dados também foram reunidos por regiões, macrorregiões e microrregiões, podendo subsidiar políticas regionais.

O levantamento apresenta as situações também em mapas. No âmbito da dimensão socioeconômica, o Estado está dividido em dois e a garantia de direitos é, no geral, menor, quanto mais ao Norte está o município. No Norte, Vale do Jequitinhonha e parte da macrorregião central, a predominância é a situação de precariedade. Já no Alto Paranaíba, por exemplo, 70,97% dos municípios têm alta garantia de direitos. Os Vales do Jequitinhonha e do Mucuri, por sua vez, têm 86% de seus municípios com garantia precária.

Em contrapartida, um dado interessante mostrado pelo diagnóstico foi que o fator socioeconômico não é determinante para o índice de violência. Aponta o estudo que, no Norte de Minas ou no Vale do Jequitinhonha, há alguns municípios com baixa avaliação socioeconômica e alta garantia na dimensão da violência. Por outro lado, no Sul do Estado e no Triângulo, onde a dimensão socioeconômica foi alta, a situação é de baixa garantia dos direitos humanos para a violência. Essa constatação pode ser um argumento importante para repensarmos um mito que vincula a violência com a pobreza.

Na dimensão criança e adolescente, na maioria das regiões, a garantia é baixa onde a situação socioeconômica é baixa. No entanto, no Norte, há incidência muito melhor de garantia de direitos da criança e do adolescente do que no Vale do Jequitinhonha, mesmo tendo ambas as regiões situação socioeconômica similar. Em contrapartida, no Triângulo e no Vale do Rio Doce, regiões marcadas por alta garantia em outros direitos, há situação de precariedade na dimensão criança e adolescente em vários municípios.

Já no que se refere aos direitos da mulher, a exemplo do que ocorre com a violência, os índices de alta e baixa garantia são pulverizados em todo o Estado. Na dimensão negros, entretanto, o quadro é inversamente proporcional à situação socioeconômica. No geral, onde há melhor avaliação socioeconômica, a garantia dos direitos dos negros é baixa e vice-versa. Tal dimensão fez com que muitos municípios tivessem sua média geral de garantia de direitos reduzida ou aumentada.

Em uma dimensão geral da garantia dos direitos humanos, o estudo apontou somente nove municípios – 1,06% do total – em situação de precariedade. Mas o índice foi tão reduzido quanto para a alta garantia de direitos, 1,64%, ou seja, em apenas 14 municípios. Já com boa garantia foram 199 – 23% e com baixa garantia, 201 municípios. Mais da metade das cidades (50,41%) registrou uma situação média de garantia dos direitos humanos, em um total de 430.

A relação dos indicadores nos 853 municípios de Minas consta do Anexo I desta publicação. O estudo completo feito pelo Observatório de Direitos Humanos, inclusive com opção de consulta por município, pode ser acessado no site da Sedese, pelo link http://www.sedese.mg.gov.br/index.php/observatorio-dh.html.

O olhar que quer agir

O que os números do diagnóstico retratam, a nosso ver, é que há uma dicotomia aprofundada, a partir a Constituição Federal de 1988, entre o Brasil "legal" e o Brasil "real", no que se refere aos direitos humanos. De um lado, uma lei magna que cria um Estado Democrático de Direitos, tendo como dois de seus cinco pilares fundamentais a cidadania e a dignidade da pessoa humana. Nesse sentido, afirma a Constituição (BRASIL/88) que são objetivos de nossa República a construção de "uma sociedade livre, justa e solidária" e a erradicação da "pobreza" e da "marginalização", além da redução das "desigualdades sociais e regionais", bem como a promoção do "bem de todos, sem preconceitos de origem, raça, sexo, cor, idade e quaisquer outras formas de discriminação". Consagra, ainda, que "todos são iguais perante a lei, sem distinção de qualquer natureza", punindo com rigor a tortura, qualquer tipo de violência e ataque contra as pessoas, com garantia de ampla forma de livre manifestação e organização de todos os setores da sociedade. São direitos e garantias que, como sempre afirmo, podem ser resumidos em dois pilares fundamentais: cidadania e dignidade da pessoa humana.

Nossa Lei maior traz, portanto, um entendimento de que os direitos humanos devem ser praticados como um conjunto articulado, interdependente, indivisível e universal nas dimensões de direitos civis, políticos, sociais, econômicos, ambientais e culturais. Por esse enfoque, poderíamos, então, afirmar que, pela Constituição Federal, direitos humanos são o novo nome de nosso sistema democrático. Afinal, a democracia só existirá em sua totalidade, se, além do voto livre, da participação consciente dos cidadãos, tivermos acesso a comida para todos, lazer, emprego, saúde, educação, etc.

O quadro estatístico dos 853 municípios de Minas – e em outros estados não será muito diferente – mostra, no entanto, que o "Brasil real" é outro, bem distinto do ideal estabelecido pela Constituição. Ou seja, somos um país avançado, progressista, em termos legais, mas que, do ponto de vista real, vive à margem das conquistas obtidas em outros países do mundo, ou que o acesso aos direitos não é para todos neste país cheio de contradições.

Por isso, pertinentemente, o professor João Batista Moura Pinto concluiu sua intervenção na Comissão de Direitos Humanos da Assembleia de Minas com uma convocação cívica:

> Temos de buscar sempre o desafio pela sociedade justa e igualitária estabelecida na Constituição e pelo cumprimento dos princípios norteadores dos direitos humanos. Por isso é que estávamos falando das dimensões da universalidade e de indivisibilidade. Tudo isso tem de ser considerado em conjunto (PINTO, 2008, p. 30).

Ou, ainda, como se expressou o subsecretário de direitos humanos, João Batista de Oliveira, na mesma reunião:

> Direitos humanos são para a vida e para a felicidade de todos e para que a sociedade respeite e faça com que o cidadão se sinta envolvido

na construção daquele projeto, e cada vez mais se aproprie dos direitos humanos. Queremos que, algum dia, direitos humanos não sejam apenas financiados pelo governo, mas que ele seja próprio da sociedade (OLIVEIRA, 2008, p. 10).

Ideal esse que somente será atingido, efetivado, com a participação das forças vivas da sociedade e uma intervenção também nas esferas municipais. Assim se expressou a superintendente de direitos humanos, Márcia Martini:

> Casos emblemáticos de violação de direitos têm de ser tratados, discutidos, mas é sempre com o olhar voltado para trás. O relatório que apresentamos hoje traz números colhidos no passado, mas o olhar do relatório é para frente. Um dos objetivos (...) é o controle social, com o governo dando transparência às suas ações, à situação dos direitos humanos (...). O relatório tem o objetivo de ser uma ferramenta de gestão pública não só para o governo estadual, mas também para os governos municipais, que podem identificar quais são as precariedades de seu município e trabalhar com políticas específicas (MARTINI, 2008, p. 12).

Diante de todos os dados e reflexões expostos, fica evidente que o diagnóstico dos indicadores de direitos humanos nos municípios do estado de Minas Gerais, além de subsidiar as políticas públicas do setor, foi e será instrumento precioso para todos os que fazem desta mais do que uma bandeira de luta ou uma exigência legal; que têm nos direitos humanos um compromisso de vida.

Devemos ter claro, porém, que somente como dados frios tais informações podem acabar sendo subutilizadas ou dar margem a interpretações distorcidas. É necessário que a estatística seja analisada com alguma relatividade. Tomemos como exemplo os indicadores sobre os negros, que apontam para uma certa igualdade racial no Vale do Jequitinhonha. Deve-se considerar, no entanto, que tal igualdade não quer dizer, necessariamente, que haja garantia de direitos. Pode ser indicativo, também, de que a situação de exclusão e miséria é tão grande na região que iguala brancos e negros, como mostram as estatísticas salariais dos municípios. Já alguns dados sobre a mulher podem não traduzir a realidade, pois retratam os casos em que houve acesso à justiça. Não se pode ignorar, no entanto, que em algumas regiões a cultura da apatia e do silêncio é muito forte e, muitas vezes, as informações não chegam ao aparelho do Estado.

Outro ponto que nos chama a atenção é perceber, através dos números e gráficos, as cidades que, mesmo registrando profunda desigualdade social, têm um indicador positivo de direitos humanos. São municípios cujos dados destoam de outros na mesma região e é gratificante identificar à frente deles prefeitos que conhecemos e cujo compromisso com a inclusão social podemos atestar.

Pelo ralo da corrupção

Reportagem publicada pelo jornal "Estado de Minas", na edição de 30 de agosto de 2009, confirma a tendência já identificada pela Organização Transparência Internacional em levantamento realizado em 130 países, de que onde há maior Índice de Percepção da Corrupção (IPCOR) há menor Índice de Desenvolvimento Humano (IDH). Ou seja, há uma relação direta, inversamente proporcional, entre corrupção e desenvolvimento humano.

Segundo a reportagem, estudo realizado pela Federação das Indústrias do Rio de Janeiro (Firjan) nos 85 municípios mineiros com menor índice de desenvolvimento em renda, emprego, saúde e educação mostrou que a pobreza e a corrupção "andam de mãos dadas" (2009, p. 3). Ou, ainda, que este é "um casamento que está longe do fim e sacrifica a população" (2009, p. 3). Dos 85 municípios estudados, 81 já haviam sido envolvidos em operações do Ministério Público ou da Polícia Federal que apuraram desvios de recursos públicos. Recursos que desceram pelo ralo da corrupção, ao invés de serem utilizados em saúde, educação, desenvolvimento social, geração de empregos, etc.

O caso mais elucidador é o do município de São João do Pacuí, no Norte de Minas, que apresentou o menor índice de desenvolvimento do Estado e ficou entre os 30 piores do Brasil. A cidade convive com diversas denúncias de improbidade administrativa, tais como fraudes em convênios, contratação de empresas-fantasmas, licitações fraudulentas, pagamento de dívidas pessoais do prefeito com dinheiro público, desvio de recursos do governo federal, entre outras.

Sobre essa situação, é desoladora a conclusão do representante do Ministério Público Federal em Montes Claros, o procurador da República André Vasconcelos Dias. "Nos municípios menores, praticamente não existe controle social dos recursos. Quase a totalidade das Câmaras municipais é cooptada pelo Poder Executivo e também se envolve nas negociações" (ESTADO DE MINAS, 2009, p. 3).

Fica evidente que a impunidade motiva a perpetuação de tais desvios e a morosidade dos processos judiciais faz parte deste círculo perverso. Mas, lamentavelmente, ainda falta vontade política para superar esse desafio. Há cerca de dezoito anos, conheci a experiência do estado do Rio Grande do Sul, onde o Tribunal de Justiça criou uma Câmara Especializada para julgar agentes políticos, com uma média de duração dos processos de seis meses. Pouco depois, em reunião privada juntamente com o então deputado Roberto Carvalho, sugeri ao presidente do Tribunal de Justiça de Minas que adotasse a mesma sistemática em nosso estado. Até hoje, não recebemos resposta. Da mesma forma, não prosperou – até o primeiro momento de escrita deste texto – a emenda apresentada da Assembleia para a criação da Câmara Especializada, quando da tramitação do projeto de organização e divisão judiciárias.

Devemos atentar, ainda, para o fato de que, mesmo que determinadas práticas sejam legais, podem prejudicar os investimentos para a garantia de direitos. Dessa forma, desperdiçar dinheiro público com um grande show de um cantor famoso pode ser considerado corrupção se tomarmos o sentido etimológico da palavra. "Cor" significa coração, de onde, segundo os antigos, vinha toda a bondade e também toda a maldade do ser humano. Já "ruptus" quer dizer ruptura. Daí o termo corrupção. Santo Agostinho, no século V, não utilizava a expressão pecado original. Referia-se a pecado da corrupção, porque o homem, tendencialmente bom, teve seu coração rompido, corrompido.

Em contrapartida, é importante trabalhar para que os administradores municipais tenham a consciência de que o que fizerem com o dinheiro público de seus municípios será determinante para uma política de inclusão social de direitos humanos. Sabe-se que hoje, no Brasil, quase 50% dos recursos públicos que deveriam ser investidos em políticas sociais e de direitos humanos vão embora pelo ralo do desperdício e da corrupção, seja esta intencional ou consentida. Fato é que o Índice de Percepção da Corrupção medido pela Transparência Internacional colocara em 2010 o Brasil na vergonhosa colocação de 16º país do mundo onde a população tem a maior percepção da corrupção.

Do sonho à realidade

É preciso que os administradores municipais busquem informações e conheçam a fundo o que são direitos humanos. Como bem disse João Batista de Oliveira, há muitas pessoas, inclusive autoridades, que não entendem que a demora de seis meses para um idoso conseguir uma consulta é uma violação de direito. Que não sabem que uma criança portadora de dislexia, com dificuldade de aprendizado, tem o direito a atendimento especial para suprir sua necessidade específica.

Ou, ainda, que a violência doméstica sofrida por uma mulher não é assunto de família, mas de polícia.

De forma que cabe às administrações municipais desenvolver políticas públicas que previnam e coíbam violações dessa natureza, bem como muitas outras, a exemplo da discriminação e do não acesso a condições básicas de vida. Somente assim os prefeitos poderão "mudar a cara" de seus municípios. A experiência já comprovou que o desenvolvimento e a melhoria da qualidade de vida são consequências diretas do investimento em políticas públicas de garantia de direitos.

Tenho um sonho. Todo mundo tem um sonho. Ninguém vive sem sonhos. E no momento em que sonhamos, o encantado, o divino vem morar em nós. É como vemos na Bíblia, onde a maioria dos encontros do ser humano com o mistério maior acontece nos sonhos. Pois bem, parte desse meu sonho é que os direitos humanos não sejam um pesadelo para os sem-terra, sem casa, sem universidade, sem saúde, sem justiça, sem alegria, sem comida, sem razão de viver, que somam milhões e milhões de pessoas em nosso país. A outra parte desse sonho é de que os governos, nas três esferas de Estado, transformem os direitos humanos em políticas concretas de ação.

Finalmente, meu sonho se completa com a esperança de que se realize em nossa sociedade o sonho do sempre lúcido, amoroso e profético Pedro Casaldáliga:

> Depois de aprender a soletrar "ma-mãe", "pa-pai" (e talvez "lua"), as crianças do mundo inteiro aprenderão a soletrar "pessoa".
> E numa canção de ninar, com música herdada do Milton Nascimento ou de uma flauta andina, as crianças do mundo inteiro cantarolarão:
> - "P" de Povo
> - "E de Esperança
> - "S" de Solidariedade, (dois "S", que Solidariedade é plural)
> - "O" de Oração
> - "A" de Amizade, Alegria, Amor...
> E a criança judia dirá: Aleluia! A criança cristã dirá: Amém! A criança muçulmana dirá: Alá! A criança indígena cantará: Sauidi! E a criançada negra gritará: Axé! Mas todas elas com voz de pessoa, com esse único e plural e maravilhoso sotaque da voz humana... (CASALDÁLIGA, 2002, p. 87).

A REALIDADE BRASILEIRA

Feliz de quem atravessa a vida inteira
tendo mil razões para viver.
(Dom Helder Câmara)

No ano de 2009, fui o organizador do livro "O direito de ter direitos: a mais valia dos desvalidos", no qual constam artigos de minha autoria e de outros defensores dos direitos humanos.

No artigo intitulado "Desvendando o mapa dos direitos humanos em Minas" fiz várias reflexões sobre a situação desses direitos no Estado de Minas Gerais e, venho agora, no ano de 2021, com a proposta de fazer uma análise sobre esses direitos numa perspectiva mais ampla, sobretudo em meio à verificação de dados e pesquisas referentes ao ano passado, tendo em vista a grave pandemia de covid-19.

No referido artigo, eu apontei que as consequências do neoliberalismo são nefastas para os países mais pobres, gerando extrema desigualdade, bem como o desmonte de políticas de consagração dos direitos humanos. Desde o ano passado que essa situação se agravou muito em decorrência da pandemia.

Um artigo recente publicado pela Folha de São Paulo, em 20 de maio de 2021, com dados de uma pesquisa realizada pelo Instituto Datafolha, demonstra que um em cada quatro brasileiros não teve comida suficiente para alimentar a família durante a pandemia. Cerca de 88% dos entrevistados tiveram uma percepção de que a fome no país aumentou. A situação é mais complicada para mulheres, negros e pessoas menos escolarizadas. Em relação a 40% das pessoas que só concluíram o ensino fundamental, houve falta de comida na mesa.[17]

---

[17] Disponível em: https://www1.folha.uol.com.br/cotidiano/2021/05/faltou-comida-para-uma-cada-quatro-brasileiros-nos-ultimos-meses-diz-datafolha.shtml.

Os direitos humanos são indivisíveis e interdependentes, ou seja, o exercício de um desses direitos pressupõe o exercício de outros tantos, pois fazem parte de um mesmo sistema de proteção à dignidade da pessoa humana. No contexto atual da pandemia e tendo em vista o desmonte de políticas públicas, a fome e a miséria são, hoje, os maiores exemplos de recrudescimento à proteção dos direitos humanos.

Quando o mais básico dos direitos humanos, o direito à alimentação, é violado constantemente, todos os demais são afetados, haja vista a impossibilidade de uma pessoa com fome exercer direitos inerentes às liberdades individuais ou mesmo ter a garantia de respeito a outros tantos direitos sociais, como saúde, educação e lazer.

O Núcleo de Estudos Sociopolíticos da Pontifícia Universidade Católica de Minas Gerais publicou um estudo na revista *Contextus*, no qual denuncia que o desmonte de políticas públicas tem agravado os efeitos da pandemia e, consequentemente, a fome tem sido uma realidade para milhares de famílias mineiras e brasileiras. Seguem trechos do estudo mencionado:

> A análise do incremento da fome no país mostra que a retração e o desmonte das políticas públicas, que vinham sendo paulatinamente construídas havia décadas, são parte do problema. O país passa pela maior pandemia em, pelo menos, um século. *Entretanto, não fossem o sistemático ataque às estruturas e serviços de proteção social e os sucessivos cortes de gastos nas políticas públicas, talvez a situação de desamparo da população não tivesse regredido ao grau atual, equiparável ao que se viu no Brasil nos anos 1980 e 1990. Nos últimos anos do século passado e no início do século corrente, muitas medidas foram sendo adotadas e alcançaram êxito, retirando, em 2014, o Brasil da lista dos países em que pessoas passam fome. Porém, poucos anos depois, já em 2018, o país voltaria a figurar no mapeamento da fome publicado periodicamente pela ONU. Desde então, o quadro tem piorado consistentemente. Neste texto, conjugam-se dois esforços. O primeiro trata de descrever o problema estrutural responsável pelo incremento da miséria e da fome no Brasil: desemprego, perda de renda, desmonte de políticas públicas.* São situações que já existiam antes da Covid-19. A pandemia encontrou aqui um ambiente favorável para transformar-se numa tragédia de dimensões épicas. Omissão e diversionismo são as palavras que descrevem a inação (e, frequentemente, o estorvo) do governo federal frente a uma das maiores crises sanitárias da história do país.[18]

---

[18] Núcleo de Estudos Sociopolíticos – NESP-PUC MINAS, Belo Horizonte, ano VIII, n. 44, maio 2021.

Destaco que no referido estudo há menção ao fato de que o setor político do Vicariato de Ação Social, Política e Ambiental (Veaspam) da Arquidiocese de Belo Horizonte vem realizando um levantamento com a finalidade de compreender objetivamente a extensão do avanço da fome e da miséria nos 28 municípios na área de abrangência da Arquidiocese. A coleta e sistematização preliminar dos dados foram realizadas pelo jornalista Marcelo Gomes, no período entre abril e maio de 2021. Tal mapeamento consiste de uma dupla aproximação: (1) a coleta dos dados disponíveis em portais de transparência e nas plataformas de acesso público mantidas por políticas de assistência social; e (2), mais diretamente, o envio de um formulário pelo qual os municípios poderiam relatar as políticas públicas que vêm sendo implantadas localmente para fazer frente ao retorno e ao aprofundamento da fome em suas regiões.[19]

Ressalte-se que apenas os municípios de Belo Horizonte, Contagem e Ibirité responderam ao questionário formulado pela Veaspam. Os municípios de Bonfim, Brumadinho, Confins, Crucilândia, Esmeraldas e Nova União enviaram respostas parciais. Os dezenove municípios restantes não enviaram qualquer resposta.[20]

Destaque-se, também, que o lapso temporal de três meses entre o ano passado e o ano atual sem auxílio emergencial ou com valores muito baixos levou a população mais vulnerável economicamente a situações desesperadoras. A elevação da taxa de desemprego, o aumento da inflação, a acentuação da miséria e da fome têm sido fatores inquestionáveis atentatórios ao exercício dos mais elementares direitos humanos.

O referido estudo da Veaspam destaca, ainda, que a sociedade civil tem se mobilizado com campanhas de assistência aos mais necessitados, contudo somente intervenções mais abrangentes do Estado podem auxiliar as famílias carentes a recuperarem a autonomia econômica e o protagonismo social a que elas têm direito.[21]

Nunca é demais recordar que o art. 3º da Constituição Federal de 1988 estabelece os objetivos da República Federativa do Brasil. A erradicação da pobreza está entre esses objetivos. Trata-se de uma norma constitucional programática a ser cumprida com a implementação de políticas públicas pelo Estado Brasileiro e por todos os entes federativos. A ausência de programas e políticas sociais capazes de atender a tal

---

[19] Idem.
[20] Ibidem.
[21] Ibidem.

ditame constitucional implica descumprimento ostensivo da Carta Magna.

Há, ainda, no rol dos direitos sociais previstos no art. 6º do texto constitucional, a obrigatoriedade de assistência aos desamparados, um direito que tem sido sistematicamente descumprido, tendo em vista a ausência de medidas efetivas em todas as esferas governamentais que atendam a esse comando.

O Relatório da Rede Social de Justiça e Direitos Humanos sobre a situação dos direitos humanos no Brasil no ano passado aponta que as medidas contra a pandemia geraram impactos sociais, culturais, econômicos e políticos, sobretudo para os grupos que já não tinham acesso aos bens e serviços. Destaca que para estes grupos vulneráveis não houve o acesso a respostas adequadas para o enfrentamento da pandemia, a exemplo dos povos indígenas, comunidades quilombolas e tradicionais, pessoas em situação de rua, pessoas encarceradas, profissionais do sexo, trabalhadores e trabalhadoras rurais, refugiados, pessoas descapacitadas, mulheres negras cis e trans.[22]

Cabe trazer à baila alguns destaques do referido relatório sobre o recrudescimento dos direitos humanos em meio à pandemia:

> Em 2018, o país tinha 13,5 milhões de pessoas na extrema pobreza, 35 milhões de pessoas sem acesso à água potável e 100 milhões sem coleta de esgoto e em situação de insegurança alimentar, vivendo em territórios superpovoados e com habitações que não permitem o distanciamento social. *A maioria continuou, em 2020, sem renda, desempregada ou com os contratos de trabalho suspensos e salários reduzidos, sem condições de pagar os aluguéis de suas moradias e de comprar alimentos e produtos de higiene recomendados para a prevenção.* As desigualdades raciais foram reveladas no próprio desenho da letalidade da pandemia. O primeiro grupo afetado foi de pessoas brancas, ricas e com amplo acesso à saúde, porém a letalidade foi maior para negros. Estudos desenvolvidos pelo Núcleo de Operações e Inteligência em Saúde (NOIS) do Centro Técnico Científico da PUC-Rio, apontam que a taxa de letalidade foi maior para negros (55%) do que para brancos (38%). O desemprego atingiu 12 milhões de pessoas no país entre fevereiro e abril. No mesmo período foram perdidos 5 milhões de postos de trabalho formais e 3,7 milhões de postos de trabalho informais, segundo o Instituto Brasileiro de Geografia e Estatística (IBGE). As mulheres negras formam o grupo mais afetado. Elas correspondem a 17 milhões de pessoas que chefiam as famílias com renda mensal de 600 reais. A crise social gerou o

---

[22] Disponível em: artigos20direitos20humanos/Relatorio-2020.pdf.

recrudescimento da violência. Nos últimos anos enfrentamos processos complexos de violência e violação dos poucos direitos voltados para os grupos socialmente excluídos. A violência tomou escala comparável a um estado em guerra. Homicídio, feminicídio, tortura, violência sexual, violência doméstica e intradomiciliar, especialmente contra povos indígenas, comunidades quilombolas e tradicionais, população negra, pessoas LGBTI+, e meninas e mulheres cis e trans. A violência policial fez muitas vítimas – crianças, jovens e mulheres negras. No primeiro semestre de 2020 foram assassinadas, pelas polícias civil e militar, 3.148 pessoas no país.[23]

Jurema Werneck, diretora-executiva da Anistia Internacional Brasil, destaca que as favelas e periferias de centros urbanos de grandes cidades são um retrato evidente do descumprimento, por parte do Estado, de seu dever de garantia de direitos a segmentos da população do país. Segundo ela, a ausência (ou ineficiência) de políticas públicas que garantam moradia digna e adequada, saneamento básico e água potável expõe um longo histórico de desassistências que atingem pessoas em situações de vulnerabilidades econômicas e sociais. Destaca, também, que as crises financeiras e sanitárias têm tido um impacto desproporcional em sujeitos específicos, de determinada raça, gênero, classe social e endereço. Essas pessoas, em sua maioria negras, pobres, residentes em favelas e periferias de grandes centros urbanos, trabalhadores rurais, quilombolas, povos indígenas, população em situação de rua, LGBTI+, não receberam (nem recebem) do Estado as ações e medidas necessárias para o enfrentamento à pandemia da covid-19. Cabe destacar trecho de seu relato:

> Diante das incertezas inerentes ao contexto da pandemia, a violência urbana e a segurança pública elevaram ainda mais o estresse de uma parcela da população que vive e convive com violações e abusos, mesmo em condições "normais". Muitos episódios estamparam as capas de jornais e os sites de notícias com excessos das polícias em vários estados do Brasil. Em abril deste ano, por exemplo, houve um aumento de 57% dos casos de violência policial no Rio de Janeiro. Em São Paulo, o aumento foi de 31% e no Ceará de 150% com relação a abril de 2019. Foi preciso seguir repetindo que os agentes do Estado devem, em primeiro lugar, proteger todos os cidadãos e cidadãs, sejam eles moradores das periferias ou das áreas nobres das grandes e médias cidades do país. E conforme nos lembra a Constituição Federal de 1988, cabe ao Ministério Público

---

[23] *Idem.*

de cada Estado a função de exercer o controle externo da atividade policial para que direitos humanos não sejam violados por parte de agentes do Estado.[24]

Em relação ao direito à saúde, um dos direitos humanos mais sistematicamente violados em nosso país, cabe aqui destacar as reflexões do médico Armando de Negri Filho, doutor em políticas e sistemas de saúde, ao apontar que a pandemia mostrou que o Brasil necessita de soberania sanitária, com a produção de insumos, equipamentos médicos de proteção individual e medicamentos. Ele destaca que o país necessita de novas estruturas e edificações, além de fortalecer o sistema para eliminar os privilégios daqueles que possuem saúde suplementar, tornando a renda um fator indiferente no acesso à saúde.[25]

Cabe, também, realçar que no ano de 2020 a violência contra a mulher aumentou, segundo pesquisa realizada pelo Núcleo de Estudos e Pesquisa sobre a Mulher e a Clínica de Direitos Humanos da UFMG. Segundo as pesquisadoras responsáveis pelo levantamento dos dados, a presença constante dos agressores dentro de casa tornou-se um segundo desafio para diversas mulheres em todo o país, pois houve mais dificuldades de denunciar e receber atendimento por causa dessa proximidade maior ou da impossibilidade de retirar-se do ambiente doméstico.[26]

Ainda assim, segundo elas, as denúncias de violência contra a mulher no 190 e no Disque 100 aumentaram, bem como teriam ocorrido subnotificações. Segundo a Ouvidoria Nacional de Direitos Humanos (ONDH), sem contar os registros virtuais, foram 105.821 denúncias oficializadas, distribuídas entre todas as categorias de violação dos direitos das mulheres. Os dados da ONDH, que foram divulgados em 7 de março, véspera do Dia Internacional da Mulher, demonstram que a igualdade de gênero ainda está muito longe de ocorrer em nosso país.[27]

Destaco, também, o importante trabalho desenvolvido pela Oxfam Brasil[28] na Pesquisa "Nós e as Desigualdades 2021", em parceria com o Instituto Datafolha sobre a percepção dos brasileiros e brasileiras em relação às desigualdades no país:

---

[24] *Ibidem.*
[25] *Ibidem.*
[26] Disponível em: https://ufmg.br/comunicacao/noticias/violencia-contra-a-mulher-e-covid-19.
[27] *Idem.*
[28] A Oxfam Brasil é uma organização da sociedade civil criada em 2014, com o objetivo de eliminar as causas da pobreza e combater as injustiças sociais e as desigualdades. A entidade faz parte de uma rede global com atuação em 90 países.

Em linha com as duas pesquisas anteriores, os resultados do levantamento atual destacam a importância da redução de desigualdades como condição para o progresso, uma percepção presente em quase nove em cada dez brasileiros. Os números indicam que a sociedade interpreta de forma mais apurada a distribuição de renda na comparação com o início de 2019, época de realização da segunda edição da pesquisa, mesmo que ainda não compreenda completamente a complexidade das estruturas da desigualdade brasileira. Reduziu-se o sentimento de otimismo individual sobre o futuro para a maior parte da população, 6% menor que a pesquisa anterior, para aqueles que acreditam que ascenderão de classe social nos próximos cinco anos. Em contraste, os dados apontam para uma percepção majoritária de que o Brasil enquanto sociedade não reduzirá desigualdades em um futuro próximo, ceticismo mais intenso do que se viu no início de 2019. Uma sociedade com opiniões mais firmes e conscientes sobre o peso do machismo e racismo sobre mulheres e pessoas negras, marcando uma tendência clara já identificada na pesquisa anterior, a despeito do crescimento de discurso conservador que ganhou indubitável expressão política após as eleições de 2018. Assim, brasileiras e brasileiros expressam a compreensão de que mulheres ganham menos por serem mulheres, que sobre elas não devem recair a responsabilidade do trabalho doméstico e de cuidados. Entendem também que a cor da pele influencia negativamente a renda, além de reduzir as chances de contratação por empresas, aumentar as chances de abordagem policial e impactar negativamente o comportamento do sistema de Justiça. Os números da terceira pesquisa também apontam para uma consolidação do apoio da população para reformas tributárias justas e solidárias, que acabem com a regressividade do nosso sistema fiscal, capazes de reduzir impostos sobre bens e serviços, e aumentar aqueles sobre renda e patrimônio, principalmente daqueles mais ricos, indicando um apoio popular às mudanças necessárias no sistema tributário nacional. Trata-se de um dado importante à luz dos debates sobre reforma tributária atualmente em curso no Congresso Nacional, que vê na pauta um dos temas candentes – e urgentes – da agenda econômica nacional. Por fim, a pesquisa apresenta dados sobre a percepção da sociedade sobre a desigualdade no contexto da pandemia do coronavírus, com destaque para o papel de programas de transferência de renda — como o programa de auxílio emergencial instituído no primeiro semestre de 2020. Nesta nota são apresentados os principais resultados da pesquisa. Parte deles é referente a perguntas novas, realizadas somente neste ano. Outra parte inclui perguntas feitas nos três anos, 2017, 2019 e 2020, referenciados ao longo do texto e nos gráficos para fins de comparação. Esta Nota Informativa está dividida em cinco partes: 1. Percepções sobre desigualdades e mobilidade social; 2. Percepções sobre gênero e raça; 3. Percepções sobre tributação e políticas sociais; 4. Percepções sobre políticas públicas e pandemia; e 5. Nós e as desigualdades: caminhos para a redução.[29]

Em síntese, a referida organização destaca que a pesquisa atual sobre a percepção do(a) brasileiro(a) em relação às desigualdades sociais foi alterada em relação às pesquisas anteriores. É bom ressaltar que foram entrevistadas 2.079 pessoas em nível nacional, permitindo-se também a leitura por regiões (Centro-Oeste, Norte, Nordeste, Sul e Sudeste). As entrevistas foram realizadas em 130 municípios de pequeno, médio e grande portes, incluindo regiões metropolitanas e cidades do interior. O período da aplicação das entrevistas foi de 7 a 15 de dezembro de 2020 e cabem os seguintes destaques pormenorizados;[30]

84% concordam com o aumento dos impostos de pessoas mais ricas para financiar políticas sociais no Brasil.

56% concordam com o aumento dos impostos para todos no país para financiar políticas sociais.

86% afirmam que o progresso no Brasil está condicionado à redução da desigualdade entre pobres e ricos.
67% concordam que o fato de ser mulher impacta negativamente na renda obtida.

---

[29] Disponível em: oxfamBrasil_Datafolha_Nós_e_as_Desigualdades_2021.pdf.
[30] Idem.

78% dos entrevistados concordam que a Justiça é mais dura com negros.

76% acreditam que a cor da pele influencia a contratação por empresas no Brasil.

62% dos brasileiros acreditam que ter acesso à saúde é uma das três principais prioridades para uma vida melhor, juntamente com "estudar" e "fé religiosa".

62% apoiam a manutenção, após a pandemia de covid-19, do auxílio emergencial para as pessoas que têm direito hoje.

A Comissão Interamericana de Direitos Humanos – CIDH realiza o monitoramento contínuo dos direitos humanos no Continente, conforme o estabelecido no art. 106 da Carta da Organização dos Estados Americanos. Entre os dias 5 e 12 novembro de 2018, a referida Comissão realizou uma visita *in loco* ao Brasil. Tal visita teve o objetivo de aferir os principais desafios aos direitos humanos no país, respondeu a um convite efetuado pelo Estado brasileiro em 29 de novembro de 2017, com sua data final acordada entre as partes no início de 2018.[31]

Segundo o relatório apresentado, durante a visita ao Brasil, a CIDH realizou reuniões com autoridades nacionais dos distintos Poderes

---

[31] Disponível em: artigos%20direitos%20humanos/Situação%20dos%20Direitos%20 Humanos%20no%20Brasil.pdf.

e entes federados, tais como do então Ministério dos Direitos Humanos, do Supremo Tribunal Federal, do Ministério das Relações Exteriores, do Conselho Nacional de Direitos Humanos, da Procuradoria-Geral da República e membros dos Ministérios Públicos estaduais, da Defensoria Pública da União e Defensorias Estaduais, bem como com outras autoridades municipais e estaduais. A Comissão também se reuniu com representantes de organizações da sociedade civil, movimentos sociais, defensoras e defensores dos direitos humanos, pessoas afrodescendentes e quilombolas, povos indígenas, trabalhadores rurais, pessoas em situação de pobreza e sem-teto, líderes de movimentos de defesa dos direitos de diversos grupos em situação de discriminação histórica, líderes do movimento LGBTI, moradores de favelas, familiares de policiais assassinados, entre outros. Paralelamente, a CIDH teve a oportunidade de encontrar-se com representantes de organizações internacionais do Sistema das Nações Unidas e membros do corpo diplomático internacional alocados no país. As conclusões da Comissão podem ser assim sintetizadas:

> Passados 23 anos da primeira visita ao país, a Comissão constatou que o Brasil possui um sistema democrático e um Estado de Direito com sólidas instituições democráticas e de direitos humanos. *Todavia, o Estado segue apresentando um cenário de extrema desigualdade social baseada na discriminação estrutural contra pessoas afrodescendentes e comunidades tradicionais quilombolas, indígenas, pessoas camponesas e trabalhadoras rurais, pessoas que vivem na pobreza ou em situação de rua, mulheres e pessoas LGBTI. Na análise da CIDH, a concentração de renda e a discriminação baseada na raça, origem social, em estereótipos de sexo, gênero, orientação sexual e idade resultaram na exclusão histórica desses grupos, que permanecem em situação de extrema vulnerabilidade. Ainda nesse âmbito, destaca-se a vulnerabilidade relacionada à discriminação histórica dos povos indígenas e comunidades quilombolas, que até hoje não obtiveram o direito a viverem em suas terras ancestrais assegurado pela Constituição brasileira.* Os obstáculos à garantia do direito à terra, em ambos os casos, têm se combinado a crescentes conflitos agrários e a projetos de desenvolvimento executados sem consulta prévia, livre e informada com as comunidades afetadas, e que também integram a estrutura da experiência social brasileira de marginalização de pessoas em situação de pobreza na cidade e no campo. Essas pessoas seguem experimentando uma inclusão econômica precária e um acesso limitado a serviços públicos e à moradia, bem como, em muitos casos, sofrendo estigmatização e exclusões sistemáticas pela necessidade de migrar, de maneira forçada, para espaços que apresentam mais oportunidades para suas vidas. Assim, em um quadro de extrema vulnerabilidade, muitas dessas pessoas acabam se tornando vítimas de esquemas de trabalho

escravo ou de redes de tráfico de pessoas. *Na aferição da situação dos direitos humanos no Brasil, a condição de gênero mostrou-se fator agravante das experiências de desigualdade e discriminação que subjazem aos processos estruturais de violação dos direitos humanos no país.*

Por outra parte, embora o sistema prisional, o sistema socioeducativo e as comunidades terapêuticas sejam regidos por marcos legais e regulatórios distintos, a CIDH observou, nos três casos, que o Estado não logrou garantir a proteção necessária às pessoas que se encontram nessas instituições, sejam elas públicas ou privadas. *Em todos eles há registros de casos de tortura e maus-tratos, o que viola normas interamericanas e internacionais de direitos humanos.* A CIDH observa que a falta de controle do Estado em relação a esses recintos, o consequente autogoverno e as condições deploráveis de detenção nas instituições de privação de liberdade causam confrontos e tensões que resultam em altos níveis de violência e graves efeitos sobre a vida e integridade pessoal. Nesse sentido, tanto a Comissão Interamericana quanto a Corte observaram, com profunda preocupação, que as mortes ocorridas são causadas em um contexto sistemático de atos repetidos de violência, que resultaram na concessão de diversas medidas cautelares e provisórias

Ademais, em relatório sobre mobilidade humana, a Comissão reconheceu a situação de particular vulnerabilidade experimentada por migrantes. Entre 2005 e 2016, o número de migrantes no Brasil aumentou 178%. Até 2016, um número maior de novos migrantes era representado por haitianos, seguido por colombianos, bolivianos e sírios. Mais recentemente, houve um incremento substancial do fluxo de migrantes provenientes da Venezuela. Nesse sentido, o Brasil recebeu um total de cerca de 80 mil pedidos de refúgio em 2018. Durante a visita, a Comissão realizou diligências sobre as condições de migrantes venezuelanos e coletou informações sobre os demais grupos. *Ao tempo em que a Comissão reconhece importantes avanços legislativos e de política pública nessa* área, *em especial a aprovação da nova Lei de Migração (Lei 13.445/2017), a garantia de direitos sociais, econômicos e culturais a refugiados, e a "Operação Acolhida", especialmente destinada a atender migrantes venezuelanos, verificou-se, com preocupação, um déficit na implementação de normas e atos de combate* à *discriminação e xenofobia.*

A CIDH observa que o país tem tido grande dificuldade em assegurar o direito à segurança cidadã a um amplo contingente da sua população. A Comissão registra que os mais afetados são os grupos mais vulneráveis por marcadores étnico-raciais e de classe. As pessoas afrodescendentes, especialmente jovens do sexo masculino e de origem familiar pobre, figuram como vítimas preponderantes de atos de violência letal intencional, grande parte dos quais são cometidos em contexto de ação policial. Tal desigualdade é reproduzida ou mesmo ampliada pela atuação do sistema de justiça criminal: por um lado, é crônica a impunidade dos crimes cometidos contra populações mais vulneráveis; e, por outro, é desproporcional o impacto do aparato repressivo do Estado contra essas mesmas populações. Os jovens afrodescendentes e pobres também formam o maior contingente da população prisional e de unidades do sistema socioeducativo, onde com frequência são vítimas de tortura e maus-tratos. Permanecendo impunes, tais violações cometidas por agentes de segurança pública atingem um caráter estrutural, sistemático e generalizado em todo o país.

A CIDH reconhece que, desde sua redemocratização, o Brasil avançou de maneira significativa na construção de instituições e políticas públicas que ajudaram a reduzir o peso dessas desigualdades estruturais e do passado de violações de direitos humanos, em muitos casos servindo de exemplo para outros países da região e do mundo em desenvolvimento. Entre 1988 e 2018, o país promulgou uma nova Constituição, assinou e ratificou importantes tratados regionais e internacionais de direitos humanos, além de ter modernizado sua legislação doméstica em diversas áreas relevantes para os direitos humanos. Ademais, o país promoveu reformas no Poder Executivo, em distintos órgãos do Poder Judiciário, consolidando estruturas com o potencial necessário à promoção e à defesa dos direitos garantidos por essas leis e tratados. *Nesse passo, o Brasil estabilizou e fortaleceu sua democracia, passando a realizar eleições livres, gerais e competitivas, além de ter criado e fortalecido instituições de participação e controle social sobre a ação dos governos. Finalmente, a Comissão considera que o país lançou programas e políticas bem-sucedidas, em* áreas *como de direitos civis (e.g.: ações afirmativas e medidas antidiscriminatórias); sociais, econômicas e culturais (e.g.: combate* à *pobreza e* à *desigualdade); e direitos coletivos (e.g.: verdade e memória e proteção do meio ambiente).* <u>Contudo, a CIDH destaca sua preocupação com recentes processos de ameaças e desestruturação dessas instituições e políticas construídas por mais de duas décadas.</u>
<u>A dificuldade do Estado de oferecer respostas sólidas, sistêmicas e sustentáveis para a violência e a insegurança nos últimos 23 anos, articulando os diferentes níveis da federação e as diferentes forças policiais em torno de medidas que conjugam prevenção e repressão, criou ambiente fértil para o surgimento e a ampliação de organizações criminosas, como as chamadas milícias.</u> A CIDH reconhece avanços no arcabouço institucional do setor, produzidos de forma lenta e incremental, a partir de sucessivos planos nacionais de segurança pública. Ao mesmo tempo, a Comissão registra a persistência de medidas inspiradas no paradigma da segurança nacional, refletido no uso frequente – e cada vez mais ampliado – de dispositivos e práticas militaristas e no elevado número de mortes, principalmente de jovens negros e pobres, em contexto da ação policial.

A CIDH registra que a questão do crime e da violência ganharam posição central na agenda de políticas públicas do Brasil a partir das eleições de 2018, contudo, destaca com preocupação que a abordagem priorizada desde então se distancia dos parâmetros da segurança cidadã. Nesse sentido, a Comissão destaca que propostas recentes de ampliação das hipóteses de legítima defesa e a flexibilização no acesso a armas de fogo, assim como a transformação de comunidades pobres em verdadeiras trincheiras de guerra nos estados, em especial no Rio de Janeiro, mostram-se incapazes de incidir nas dinâmicas geradoras de violência, bem como tendem a agravar a situação de vulnerabilidade e vitimização de jovens afrodescendentes, mulheres e pessoas trabalhadoras rurais.

Durante a visita, a CIDH pôde não apenas confirmar a situação crítica vivenciada por defensores e defensoras de direitos humanos, como também perceber e registrar a deterioração das condições de que dispõem para o exercício de suas atividades. A CIDH considera que um dos principais problemas associados aos conflitos por terra e aos deslocamentos forçados tem a ver com o assédio, as ameaças e os assassinatos contra tais pessoas. A CIDH também observa com preocupação que a impunidade em relação a esses atos de violência rural contribui para sua perpetuação e seu aumento. Em muitos casos, tanto no campo quanto nas cidades, as forças de segurança do Estado atuam mais para intensificar a repressão e a criminalização de grupos historicamente vulneráveis, fracassando em protegê-los e garantir seus direitos.

Ademais, a Comissão manifesta preocupação com a crescente violência contra jornalistas, a qual tem sido agravada pelas novas dinâmicas de comunicação e informação. Além do número crescente de ataques físicos a profissionais da imprensa, o país tem registrado práticas de difamação pelas redes sociais, muitas vezes com o uso de notícias falsas. A Comissão lembra que é responsabilidade do Estado proteger e respeitar o livre exercício da atividade jornalística, além de investigar e julgar atos de ameaça e violência praticados contra jornalistas. Por fim, a CIDH considera que a proliferação de discursos violentos e discriminatórios na esfera pública e nas redes sociais constituem um grande risco ao combate efetivo à discriminação estrutural. A Comissão registra que essas campanhas são dirigidas especialmente contra os direitos das mulheres, afrodescendentes e comunidades tradicionais quilombolas, povos indígenas, pessoas LGBTI, lideranças de movimentos sociais e, até mesmo, agentes públicos cujos mandatos são voltados à defesa de direitos. Na visita, a CIDH constatou que esses discursos não provêm apenas de indivíduos ou grupos isolados, mas também de autoridades públicas e políticos eleitos, que deveriam estar empenhados na construção de um ambiente de tolerância e respeito. <u>A CIDH tem alertado para os efeitos deletérios da propagação de discursos de ódio por autoridades públicas, os quais desafiam a manutenção de uma agenda de direitos humanos baseada na democracia.</u>[32]

---

[32] Idem.

O extenso e completo relatório elaborado pela Comissão foi finalizado com várias recomendações direcionadas ao Estado Brasileiro, dentre elas estão: necessidade de fortalecimento dos órgãos estatais e autônomos responsáveis pela formulação, implementação e avaliação de políticas públicas com foco em direitos humanos; restabelecer a alocação orçamentária integral do Ministério da Mulher, Família e Direitos Humanos, priorizando as pastas relativas à promoção dos direitos dos grupos em situação de risco e/ou vulnerabilidade, em particular, fortalecer estrutural e orçamentariamente o Programa de Proteção aos Defensores dos Direitos Humanos tanto à Defensoria Pública da União quanto às Defensorias Estaduais; tornar disponíveis todos os recursos e garantir a independência funcional necessária para o funcionamento tanto do Mecanismo Nacional de Prevenção e Combate à Tortura quanto dos mecanismos estaduais, de acordo com o estabelecido pelo Protocolo Facultativo da Convenção contra a Tortura e Outros Tratamentos ou Penas Cruéis, Desumanos ou Degradantes das Nações Unidas. Por fim, recomenda que o Brasil ratifique as seguintes Convenções: Convenção sobre a Imprescritibilidade dos Crimes de Guerra e dos Crimes contra a Humanidade; Convenção Interamericana contra todas as Formas de Discriminação e Intolerância.[33]

Em relação especificamente às políticas públicas de defesa e promoção dos direitos humanos em Minas Gerais, realizei consulta ao site do Governo do Estado e deparei-me com o Projeto SER – Sistema Estadual de Redes em Direitos Humanos, que tem por escopo a proteção e o conhecimento do real cenário de violações a esses direitos. O SER é vinculado à Subsecretaria de Estado de Direitos Humanos e tem como principal sistema de colhimento de monitoramento de casos de violência e violação de direitos humanos, o SIMA. De acordo com os dados publicados, 71 entidades e órgãos utilizam atualmente o SIMA; 1.236 entidades e órgãos foram acionados desde a sua criação; 954 casos de violência encontram-se em monitoramento assistido; 1.245 ações de promoção dos direitos humanos foram cadastradas pelas entidades e órgãos que utilizam o sistema e 1.429 orientações foram fornecidas pelas instituições e órgãos vinculados ao referido sistema.

Destaco que Minas Gerais é o estado da Federação com maior número de municípios – um total de 853. Sendo assim, nessa perspectiva de análise dos dados do SER, considero que o número de 71 entidades vinculadas ao Sistema ainda é baixo. Se cada município mineiro tivesse

---

[33] *Ibidem.*

ao menos uma entidade de defesa dos direitos humanos cadastrada no sistema, a atuação governamental seria muito mais ampla. Os dados permitem a interpretação de que as políticas na área são tímidas.

Entrei em contato também com a Comissão de Direitos Humanos da Assembleia Legislativa do Estado de Minas Gerais, órgão que foi presidido por mim no passado, à época em que exerci mandatos de deputado estadual, e obtive dados importantes sobre a atuação da referida Comissão. No ano de 2019, foram realizadas reuniões de matéria, audiências públicas, audiência de convidados, visitas, num total de 85 eventos e, ainda, 594 requerimentos foram aprovados. Já no ano de 2020, tendo em vista o contexto da pandemia, foram realizados 23 eventos e 215 requerimentos foram aprovados. No ano de 2021, até o momento, foram realizados 10 eventos e 79 requerimentos foram aprovados.

A Comissão debateu questões muito importantes no que se refere à defesa dos direitos humanos em Minas Gerais, como, por exemplo, os impactos e as violações de direitos humanos da população do Norte de Minas Gerais, em especial das dezenas de comunidades tradicionais atingidas com as ações da Mineradora Sul-Americana de Metais S.A. – SAM – controlada pela Honbridge Holdings Ltda.; debate sobre o atendimento aos adolescentes privados de liberdade no modelo proposto pelo Estado, de cogestão público-privada de unidades socioeducativas, diante do que prevê o Estatuto da Criança e do Adolescente e orienta o Sistema Nacional de Atendimento Socioeducativo; debate sobre os direitos humanos como ideal comum a ser atingido por todos os povos e todas as nações, por ocasião do Dia Internacional dos Direitos Humanos, celebrado em 10 de dezembro; debate sobre o Mecanismo Estadual de Prevenção e Enfrentamento à Tortura no âmbito da garantia dos direitos humanos; debate sobre a privatização da Copasa-MG e suas consequências sob a ótica do direito humano à água bem como a vida dos povos inseridos em territórios ameaçados pela falta d'água em decorrência das privatizações e dos grandes empreendimentos, tais como a possível implementação da Usina Hidrelétrica de Formoso; debate sobre a violação dos direitos humanos de comunidades quilombolas; debate sobre as políticas públicas de enfrentamento à violência sexual contra crianças e adolescentes, no contexto da pandemia; debate sobre as ações relativas à política de armas do país; debate sobre os 133 anos da assinatura da Lei Áurea e as consequências dos 388 anos de permanência da escravidão negra no Brasil no cenário de violações de direitos humanos desencadeado pela pandemia de covid-19; dentre vários outros.

Finalizo minhas considerações atuais sobre a situação dos direitos humanos no Brasil e em Minas Gerais com a convicção de que ainda há muito a ser conquistado, sobretudo em tempos de violações constantes aos direitos sociais mais básicos, como alimentação e saúde. Em tempos de pandemia, a inobservância a esses direitos ficou cada vez mais gritante, tendo em vista a ausência de políticas públicas eficazes garantidoras do mínimo existencial. O nosso país clama pelo direito essencial à vacinação em massa, por comida na mesa dos vulneráveis, por mais empregos e por uma distribuição de renda mais justa. É como nas palavras de Hannah Arendt "A essência dos Direitos Humanos é o direito de ter direitos".

EDUCAÇÃO EM DIREITOS HUMANOS

> *Ninguém nasce odiando outra pessoa pela cor de sua pele, por sua origem ou ainda por sua religião. Para odiar, as pessoas precisam aprender, e se podem aprender a odiar, elas podem ser ensinadas a amar.*
>
> (Nelson Mandela)

Em 19 de maio de 2002, o jornal *O Tempo* divulgou, em seu caderno Cidades, o estudo "Direitos e direitos humanos: o que pensam os universitários?", coordenado pelo professor Geraldo Magela Carozzi de Miranda, do Unicentro Newton Paiva. Tal estudo, cujo objetivo era saber o que os alunos dos cursos superiores da capital mineira pensavam sobre seus direitos e deveres e sobre a aplicação dos direitos humanos para as minorias, foi realizado nas universidades de Belo Horizonte, entre 1998 e 2001, e seus resultados foram surpreendentes (MIRANDA, 2002).

Obviamente, não era novidade a existência de um sentimento de rejeição aos direitos humanos na sociedade brasileira, fruto do desconhecimento da real tônica desses direitos e resquício de um preconceito disseminado pela ditadura militar para encobrir suas atrocidades. Mas poucos poderiam imaginar, até então, que a visão deturpada dos direitos humanos prevalecesse com tal força também nas universidades. Afinal, ao longo da história do Brasil e da humanidade, os universitários, via de regra, haviam sido sempre os primeiros a se levantarem contra a violação de direitos, seja por idealismo ou por inconformismo.

Mais do que isso, por se encontrarem nas universidades, eram, em tese, a fatia da sociedade que estava em permanente contato com as informações e o conhecimento, o que, esperava-se, deveria conferir-lhes discernimento sobre a questão. Pois a pesquisa mostrou justamente o inverso. Mais do que averiguar opiniões, o estudo revelou que os universitários não tinham clareza sequer da distinção entre direitos e deveres. "O resultado foi desastroso", disse, à época, o professor que coordenou o levantamento (MIRANDA, 2002, p. 7). E podemos ir ainda mais longe e dizer que a conclusão foi alarmante. Senão, vejamos...

Foram entrevistados 1.704 alunos, amostra essa distribuída entre as instituições PUC Minas, UFMG, Newton Paiva, Uni-BH, Ciências Médicas, UEMG, Fumec e Isabela Hendrix. Destes, 15,4% não citaram sequer um direito que considerassem importante; 28,2% não souberam citar um dever importante; 32,4% apontaram como dever o direito de votar; e 20% afirmaram que uma pessoa poderia ser legalmente presa por não portar carteira de identidade.

Além da ignorância sobre direitos e deveres, a pesquisa confirmou que boa parcela dos universitários era favorável a práticas ilegais e inaceitáveis em um Estado Democrático de Direito, ou com elas condescendente: 44,5% deles concordavam, parcial ou totalmente, com a proposta de fechamento do Congresso; 40,5% consideraram a tortura justificável em alguns casos; 9,5% concordavam com o linchamento de criminosos; 64,2% disseram discordar da prática de linchamento, mas compreender a revolta de quem linchava; e 45,1% eram da opinião de que os direitos humanos deveriam valer somente para os honestos.

Os resultados do estudo expunham, sem pudores, um grande problema, que, indo além da ignorância e incompreensão quanto aos direitos humanos, revelava um retrocesso e, por que não dizer, uma crise no papel das universidades na educação para a cidadania.

Já se vão 19 anos desde a divulgação do revelador estudo e arrisco-me a dizer que, nos dias atuais, passados 72 anos da *Declaração Universal dos Direitos Humanos* (ONU, 1948), entre avanços e recuos, não houve uma alteração substancial naquele quadro, mesmo porque tal mudança deve ser cultural, o que somente acontece gradativamente e a longo prazo.

É fato que houve avanços significativos nas últimas décadas, entre os quais, merece destaque o *Plano Nacional de Educação em Direitos Humanos* (PNEDH), instituído em 2003, o qual abordaremos mais à frente. Também devo registrar uma maior popularização da causa dos direitos humanos, até como resultado dessa e de outras políticas públicas na área, a exemplo do Programa Nacional de Direitos Humanos (PNDH) e do Programa Nacional de Segurança Pública e Direitos Humanos. Foram criados, ainda, órgãos para a promoção e fiscalização do cumprimento dessas políticas, como a Secretaria Especial de Direitos Humanos da

Presidência da República e, no âmbito de Minas Gerais, a Subsecretaria Estadual de Direitos Humanos.

O problema é que muitas dessas conquistas foram perdidas, ao longo do tempo, sobretudo, em função de uma nova linha político-ideológica do Governo Federal, claramente refratária aos direitos humanos. Foi um retrocesso, por exemplo, a extinção da Secretaria Especial de Direitos Humanos, que tinha *status* de Ministério e agora foi incorporada ao Ministério da Mulher, da Família e dos Direitos Humanos, com diretrizes claramente conservadoras.

Também já não existe mais o "Programa Nacional de Segurança Pública e Direitos Humanos". O que há hoje, na estrutura federal, é o "Programa de garantia dos direitos das pessoas, de reorganização urbana e de ações de proteção ao meio ambiente", enquanto um dos diversos programas do Plano e Política Nacional de Segurança Pública e Defesa Social 2018-2028,[34] instituído no Governo de Michel Temer.

Já o "Programa Nacional de Direitos Humanos" ainda está em vigência, mas também sofreu retrocessos. Sua primeira versão (PNDH-1) é de 1996, a segunda (PNDH-2) de 2002 e a terceira de 2009 (PNDH-3). Passados 12 anos da edição do PNDH-3, no momento em que produzimos esta publicação, não existe ainda uma quarta edição do PNDH. No entanto, o Ministério da Mulher, da Família e dos Direitos Humanos criou uma comissão para elaborar um novo programa (Portaria nº 457/2021).

Sem dúvida, os muitos recuos e paralisações de políticas públicas contribuem para que a percepção dos direitos humanos no Brasil oscile entre avanços e retrocessos, em diferentes momentos, como revelam estudos mais recentes. As pesquisas "Percepções sobre Direitos Humanos no Brasil", realizadas em 2008 e 2014 pela então Secretaria de Direitos Humanos da Presidência da República, detectaram, por exemplo, uma tendência mais progressista na compreensão dos direitos humanos pelos brasileiros e brasileiras.

As duas pesquisas, que tiveram intervalo de seis anos, foram objeto de estudo do educador e mestre em Sociologia Márcio Cruz.[35] Ele identificou que os levantamentos abarcaram temas vinculados à tradição de defesa dos direitos humanos, tais como: direitos civis e políticos (como direito à vida, à propriedade, liberdade de pensamento,

---

[34] Disponível em: https://www.justica.gov.br/news/copy_of_PlanoePolticaNacionaldeSeguranaPblicaeDefesaSocial.pdf. Acesso em: 10 jun. 2021.
[35] Disponível em: http://camp.org.br/files/2016/08/ARTIGO-sobre-os-DH-Marcio-Cruz-ago-16.pdf. Acesso em: 6 jun. 2021.

de expressão, de crença, igualdade formal, ou seja, todos são iguais perante a lei, direito à nacionalidade, direitos políticos); direitos econômicos, sociais e culturais (direitos ao trabalho, à educação, à saúde, à previdência social, à moradia, à distribuição de renda, entre outros, fundamentados no valor da igualdade de oportunidades); e direitos difusos e coletivos (direito à paz, direito ao progresso, autodeterminação dos povos, direito ambiental, direitos do consumidor, inclusão digital, entre outros, fundamentados no valor fraternidade).

A conclusão do pesquisador foi a de que, apesar do esforço dos meios de comunicação de massa em apresentar os direitos humanos como exclusivamente vinculados à segurança pública e à proteção de pessoas que cometem crimes, teria havido uma ampliação dessa visão entre os brasileiros, sobretudo no que tange aos direitos sociais e de cidadania.

Por outro lado, em 2018, quando já recrudescia no país um movimento de ultradireita, caracterizado pelo conservadorismo e a intolerância, outra pesquisa verificou um retrocesso em relação à percepção dos direitos humanos no Brasil. Na pesquisa "Human Rights – Global Advisor", realizada pelo Instituto Ipsos e divulgada pela BBC Brasil, seis em cada dez entrevistados consideraram que os direitos humanos beneficiam pessoas que não os merecem, como criminosos e terroristas.

A referida pesquisa foi feita em 28 países e, no Brasil, cerca de 74% das pessoas ouvidas disseram acreditar que algumas pessoas tiram vantagem injusta sobre os direitos humanos. Ainda segundo os dados levantados, os brasileiros estão entre os que mais concordam com a frase "direitos humanos não significam nada no meu cotidiano" (28%), atrás apenas das pessoas que foram ouvidas na Arábia Saudita e na Índia.

O professor da USP e sociólogo Sérgio Adorno afirmou, na ocasião, que no Brasil há um problema sério de compreensão sobre o real significado dos direitos humanos:

> Se as pessoas pensarem os direitos humanos de forma mais ampla – e mais correta – de modo a incluir aí direito à escola, emprego, habitação, saúde, elas poderão avaliar melhor o que elas consideram que está ou não sendo garantido. Direitos humanos é o direito à dignidade.
> Quando houve a transição da ditadura para a democracia, houve um conflito entre aqueles que haviam lutado pela democracia e os que ficaram presos à herança da ditadura. As pessoas que articularam a transição democrática também defendiam a luta pelos direitos humanos.

Faço a autocrítica de que, naquele momento, nós, militantes dos direitos humanos, enfatizamos muito a questão da violência como herança da ditadura – a violência da polícia, das prisões, a ideia de que todo indivíduo, mesmo tendo cometido um crime tem direito a uma defesa. Nessa trajetória política e discursiva, aqueles que se identificavam com a ditadura articularam muito estrategicamente essa identidade entre direitos humanos e direitos de bandidos, como se estivéssemos dizendo 'estamos defendendo os bandidos contra o cidadão de bem'. Ficou muito difícil desarticular essa armadilha.[36]

Fica claro que os retrocessos na percepção dos direitos humanos pela sociedade brasileira relacionam-se a ciclos históricos e político-ideológicos vivenciados no Brasil e no mundo. Mas eles também demonstram a ineficiência do ensino formal, especialmente das universidades, no que tange à educação para a cidadania, com o reconhecimento e a compreensão dos direitos humanos. Por experiência própria, como professor e quando presidi a Comissão de Direitos Humanos da Assembleia Legislativa de Minas Gerais, posso afirmar que permanece entre a maioria dos jovens, inclusive universitários, um olhar míope sobre esses direitos. Mudar esse olhar através do conhecimento, do diálogo, da conscientização e da derrubada de mitos é uma tarefa que se impõe a todos: educadores, dirigentes de instituições de ensino, pais, mães, governantes, parlamentares e movimentos sociais organizados.

Muitos se admiram com os retrocessos que o Brasil teve a partir de 2016, que culminou com a derrocada da agenda da democracia e dos direitos humanos nas eleições de 2018, onde uma extrema direita mostra suas garras na política brasileira, com uma pauta de ódio e preconceito que não se podia imaginar. Eu pergunto se esta pauta claramente fascista já não estava presente, um pouco adormecida, como apareciam nestas pesquisas. Como se o cineasta Ingmar Bergman, em seu célebre filme já provava, quando analisava o surgimento do nazifascismo dos anos 20 do século passado, nas palavras do Dr. Vergerus: "É como o ovo da serpente. Através das finas membranas, você pode claramente discernir o réptil já perfeito".

Retrovisor histórico

Sempre acreditei que, em momentos de crise na sociedade, devemos remar em direção às fontes dos princípios do Direito e do

---

[36] Disponível em: https://www.bbc.com/portuguese/brasil-45138048. Acesso em: 6 jun. 2021.

pensamento e adentrar nas veredas da história. Para entender a vida atual, faz-se necessário olhar este retrovisor, cuja imagem refletida nos mostra que os conceitos de educação, cidadania e direitos humanos, desde os primórdios da história da humanidade, caminharam sempre entrelaçados e imersos na dimensão da ética.

Podemos buscar no século V antes de Cristo (a.C.), especificamente em Atenas, berço do pensamento filosófico, o significado original deste trinômio educação-cidadania-direitos humanos. Tratou-se de período histórico marcado por guerras, erguimento e decadência de grandes impérios. De 490 a 479 a.C., a disputa pela Jônia e a Ásia Menor (Dario I e Xerxes) levou às Guerras Médicas entre os povos gregos (aqueus, jônios, dórios e eólios) e os medopersas. Em 449 a.C., destaca-se a Paz de Calias, com o acordo de abandono do Mar Egeu pelos persas. Segue-se o período conhecido como "Idade de Ouro" de Atenas, que teve como marco o governo de Péricles, pautado pelo aperfeiçoamento da democracia, desenvolvimento cultural e realização de grandes obras, a exemplo do Partenon e a muralha de proteção da cidade.

Mas logo viria outra guerra, dessa vez contra Esparta (431-421 a.C.), cujo cerco a Atenas ocasionou a proliferação de uma epidemia, ceifando inúmeras vidas, inclusive a de Péricles. Inicia-se, então, nova guerra, que perduraria por sete anos e somente terminaria com a renúncia de Atenas ao sonho do império e com a derrubada da muralha da cidade. Instalou-se, finalmente, um período de paz, cujo preço seria, entretanto, o fim da democracia ateniense, com o chamado "Governo dos Trinta Tiranos".

Era esse o cenário histórico em que Sócrates, o filósofo, em conversas e discursos nas ruas e praças de Atenas, defendia a necessidade de restauração da imagem e de resgate da interioridade do Homem, ideia traduzida na sua célebre frase "Conhece-te a ti mesmo" (cf. MADJAROF, ©1997, n.p.), inscrita no Oráculo de Delfos. Para Sócrates, o homem recuperaria, através desse resgate, seu valor e sua dignidade moral, princípios que seriam o alicerce da construção do homem bom da *polis* justa. Surgia, dessa forma, a concepção de Ética, calcada nos ideais do bem, da virtude e da justiça.

Foi, portanto, no contexto de decadência que nasceu o discurso da Ética; da vivência de Sócrates – ainda que alguns duvidem que ele tenha, de fato, existido – e de seu discípulo Platão, que lamentavam o declínio de Atenas e a instalação do regime autoritário. Platão ainda viria a assistir à condenação de Sócrates à morte, pagando este alto preço pela liberdade de pensamento em uma sociedade em permanente crise.

Foi natural, dessa forma, que em seus primeiros textos o jovem pensador retomasse as reflexões de Sócrates sobre o caminho para a formação de um bom cidadão, questionando se a cidadania e as virtudes poderiam ser ensinadas. A exemplo de seu mestre, Platão concluiu que a virtude deveria ter fundamento inabalável e era adquirida através do ensinamento de pessoas que houvessem aprendido a distinguir com precisão o que significa o bem. Posteriormente, concebeu o conceito do "bem" como paradigma regulador dos comportamentos, defendeu que os valores do "bem" e da "justiça" eram necessários para a educação moral do cidadão e, a partir disso, elaborou sua "ciência dos valores". A dimensão do éthos foi, dessa forma, conceituada como conjunto de costumes, hábitos e valores de uma determinada sociedade ou cultura, configurando, em sentido mais amplo, a distinção entre certo e errado, bem e mal, permitido e proibido. Em *A república*, Platão (1993) desenvolve essa teoria enquanto parâmetro para a constituição de uma cidade justa, descrevendo, também, o homem tirânico como hospedeiro de todos os vícios.

Interpelações éticas e legais

Fica óbvio, no caminhar da humanidade, que a educação tem no resgate da ética seu mais forte apelo e que dela depende o desenvolvimento da consciência cidadã, subentendidos aí a compreensão e o cumprimento dos direitos e deveres, e o respeito a eles. Em nossos tempos, essa dimensão emerge com toda a força, apontando a missão emancipatória do educar, sem a qual este perde o sentido. Para ser mais explícito, recorro à elucidativa reflexão de Frei Betto (2004, n.p.):

> O que torna uma pessoa humana? Não é a cultura. Hitler apreciava a música de Wagner e conhecia os gênios da pintura. A bomba atômica foi construída por cientistas de refinado gosto estético e vasta erudição. Nem é a religião que nos faz mais humanos. Papas medievais enviaram cruzados para massacrar os "hereges" muçulmanos e abençoaram a prática da tortura nos tribunais da inquisição.
> O que nos faz mais humanos é a educação (não confundir com escolaridade). Há pessoas cultas que não são educadas, como há aquelas que são educadas embora mal saibam ler. A educação, como demonstram os pais da psicanálise, é o que domestica o animal que nos habita. É ela que nos resgata das mãos da fera que acorda dentro de nós cada vez que temos um de nossos direitos feridos. Sem educação, diante do despertar da fera, o humano se reflui e a mão feita para acarinhar se

transforma em arma de agressão, as palavras jorram em impropérios, os sentimentos naufragam num redemoinho que obscurece a razão e faz emergir a vingança, o prazer mórbido de humilhar o semelhante e vê-lo sofrer.

É no esteio do reconhecimento da educação como requisito fundamental para o Estado Democrático de Direito que o Direito a consagra como um dos direitos sociais fundamentais. Na trilha desses direitos nasce o Estado Social, que prima pela preocupação com o bem-estar social e sucedeu o Estado Liberal, omisso diante dos problemas sociais e econômicos. Foi com a instituição do Estado Social que os direitos humanos passaram a assumir a condição de direitos fundamentais, abarcando os direitos individuais, sociais, econômicos e políticos, direitos esses internacionalizados por meio de vários tratados e sobretudo, após a Segunda Guerra Mundial, cujos horrores estarreceram o mundo, levando à consolidação dos direitos fundamentais na *Declaração Universal dos Direitos Humanos* (ONU, 1948).

Com o Estado Social surgem também as chamadas "constituições sociais", cujos textos se voltam para a garantia dos direitos fundamentais. Exemplo disso é a Constituição Federal brasileira, de 1988, que, em seu artigo 1º, preconiza a cidadania e a dignidade da pessoa humana como fundamentos da República Federativa do Brasil e, em seu artigo 4º, estabelece que o país, em suas relações internacionais, se rege, entre outros princípios, pelo da prevalência dos direitos humanos (BRASIL, 1988).

Esses e outros dispositivos voltados ao respeito aos direitos fundamentais e aos valores éticos do bem-estar comum conferiram à Carta Magna brasileira o apelido de "Constituição cidadã".

Seguindo a mesma linha, a *Lei de Diretrizes e Bases da Educação Nacional* estabelece, em seu artigo 2º, que a educação é dever da família e do Estado e tem por finalidade o pleno desenvolvimento do educando, bem como seu preparo para o exercício da cidadania (BRASIL, 1996).

Posto isso, voltemos à questão inicial deste artigo: se nos deparamos com universitários com tal incompreensão dos direitos fundamentais, como demonstrou o estudo publicado no jornal *O Tempo* (MIRANDA, 2002), não estariam as universidades deixando a desejar na atribuição de educar para a cidadania? Tudo indica que sim. O próprio Governo Federal pareceu diagnosticar esse problema, uma vez que, ao instituir o *Plano Nacional de Educação em Direitos Humanos* (BRASIL, 2006), apontou diretrizes para o ensino superior.

Políticas públicas

Em tempos de incompreensões e visões distorcidas dos direitos humanos; de agravamento de conflitos étnicos, raciais, religiosos, de gênero e de orientação sexual, foi instituído pelo Governo Lula, em 2003, o *Plano Nacional de Educação em Direitos Humanos*, que nasceu com a proposta de estabelecer políticas públicas para a consolidação, na sociedade brasileira, dos princípios da democracia, cidadania e justiça social (BRASIL, 2006). Resultante, principalmente, de uma articulação entre a então Secretaria Especial dos Direitos Humanos, o Ministério da Educação (MEC) e o Ministério da Justiça, o Plano teve também o envolvimento dos três Poderes da República. E, o mais importante, foi elaborado em parceria com a sociedade civil, em uma demonstração de vontade política e envolvimento social na tarefa de educar para a cidadania.

O Plano tem como objetivos primordiais: fortalecer o respeito aos direitos humanos e liberdades fundamentais; promover o pleno desenvolvimento da personalidade e dignidade humana; fomentar o entendimento, a tolerância, a igualdade de gênero e a amizade entre as nações, os povos indígenas e os grupos raciais, nacionais, étnicos, religiosos e linguísticos; estimular a participação efetiva das pessoas em uma sociedade livre e democrática, governada pelo Estado de Direito; e construir, promover e manter a paz. Foi estruturado em cinco grandes eixos de atuação: Educação básica, Educação superior, Educação não formal, Educação dos profissionais dos sistemas de justiça e segurança, e Educação e mídia.

Nesta perspectiva, pode-se inferir que a consolidação do Estado Democrático de Direito perpassa a existência e o funcionamento de um aparato estatal e educacional que promova os direitos humanos e amplie os espaços da cidadania. Afinal, a persistente e alarmante violência institucional, a exemplo da tortura, do abuso da autoridade e da não garantia de direitos básicos – como saúde e alimentação –, corrói a integralidade dos sistemas públicos, que devem ser efetivados com a promoção e garantia dos direitos fundamentais.

Considerando tais premissas, podemos compreender por que a nossa democracia esteve tão ameaçada nos últimos tempos. O *Plano Nacional de Educação em Direitos Humanos* parece ter sido esquecido no fundo da gaveta pelos atuais gestores federais. Ao consultar o site do Ministério da Mulher, da Família e dos Direitos Humanos, constatei que a última atualização do Plano ocorreu em 2018. O que se constata na atual gestão governamental federal é um desinteresse pelo tema, tendo em vista a ausência de dados e informações sobre a continuidade de implementação do referido plano.

Ressalte-se que o *Plano Nacional de Educação em Direitos Humanos* configura-se como um instrumento garantidor das determinações contidas na Declaração Universal de Direitos Humanos, a qual estabelece em seu art. 26:

> 1. Todo ser humano tem direito à instrução. A instrução será gratuita, pelo menos nos graus elementares e fundamentais. A instrução elementar será obrigatória. A instrução técnico-profissional será acessível a todos, bem como a instrução superior, está baseada no mérito.
> 2. *A instrução será orientada no sentido do pleno desenvolvimento da personalidade humana e do fortalecimento do respeito pelos direitos do ser humano e pelas liberdades fundamentais. A instrução promoverá a compreensão, a tolerância e a amizade entre todas as nações e grupos raciais ou religiosos e coadjuvará as atividades das Nações Unidas em prol da manutenção da paz.*
> 3. Os pais têm prioridade de direito na escolha do gênero de instrução que será ministrada a seus filhos.

Vale, ainda, lembrar que o acesso à educação é o fio condutor que possibilita o exercício de vários direitos humanos, como: a liberdade de manifestação do pensamento; a liberdade de consciência e crença; a igualdade em todas suas vertentes; liberdade de exercício de qualquer trabalho, ofício ou profissão e os direitos sociais, econômicos e culturais. Por sua vez, a Educação em Direitos Humanos (EDH) possibilita a compreensão da dimensão de interdependência entre esses direitos e o afastamento de uma visão negativa e estereotipada que associa os direitos humanos exclusivamente à matriz do garantismo penal, que é invocada quando se constata a autoria de algum delito.

Neste sentido, o *Plano Nacional de Educação em Direitos Humanos*, iniciado lá nos idos de 2003, fortemente apoiado por vários órgãos e instituições públicas e por entidades da sociedade civil, construído e elaborado democraticamente, não poderia ter se tornado letra morta. Trata-se de um desmonte das políticas de apoio e garantia aos direitos humanos, que revela a opção estatal pelo retrocesso, inclusive no âmbito das universidades, fortemente atacadas na atual gestão do governo federal.

A pesquisadora Helena de Assis Mota (2020) aponta alguns gargalos da educação em direitos humanos no artigo "Democracia e Direitos Humanos no Brasil: resistência e possibilidades da defesa da plataforma humanista no cenário político nacional e mundial".

Não obstante a importância, perenidade e atualidade dos temas que aborda, a Educação em Direitos Humanos ainda tem muito a caminhar para ser integrada e manejada adequadamente no cotidiano dos espaços de educação formal e não formal brasileiros. Gargalos estruturais como a necessidade de formação de quadros especializados no assunto e a permanente falta de recursos da educação, cumulados com as dificuldades inerentes à implementação de políticas educacionais no Brasil, encontram-se potencializados na atualidade por dois obstáculos de dissonância político-ideológica que dificultam sua adequada implementação: a) a ascensão de discursos e práticas de extrema-direita na política mundial que contrapõem-se diretamente aos princípios de direitos humanos; b) sua incompatibilidade com modelos não democráticos de gestão, muito presentes na prática das escolas brasileiras não obstante a adoção teórica por parte das mesmas da gestão democrática como compromisso formal de seus '"PPPs" – projetos político-pedagógicos.

Acrescente-se que, como foi destacado no próprio *Plano Nacional de Educação em Direitos Humanos*, o Estado Democrático de Direito delineou para as instituições de ensino superior a urgência de que participem da construção de uma cultura de promoção, proteção, defesa e reparação dos direitos humanos. Isso, por meio de ações interdisciplinares, com diferentes formas de relacionar as múltiplas áreas do conhecimento humano com saberes e práticas (BRASIL, 2006). E é das instituições de ensino superior que sairão os nossos futuros governantes, legisladores, juízes, promotores, policiais, pesquisadores, educadores e servidores em geral, o que nos obriga a pensar sobre o ensino que temos em nosso país e a realidade de nossas universidades.

Universidades: avanços e deficiências

É fato que já houve inúmeras iniciativas no Brasil para a introdução da temática dos direitos humanos nas atividades dos ensinos de graduação, pós-graduação, pesquisa e extensão, mas o que verificamos é que as universidades brasileiras ainda estão "tateando" nesse campo. Como observou o professor do Departamento de Filosofia da Universidade Federal da Paraíba, Giuseppe Tosi (2004), em "A universidade e a Educação em direitos humanos", "estamos ainda longe de ter, no Brasil, centros de estudos como os que existem em outros países do mundo, especialmente em algumas universidades europeias".

Não se pode desconsiderar, é claro, que as universidades brasileiras, juntamente com Organizações Não Governamentais (ONGs), têm sido uma espécie de espaço de resistência, no que se refere à Educação em Direitos Humanos (EDH), como aponta Mota (2020) no já citado artigo.

> Por sua vez, as iniciativas já encampadas na EDH encontram-se muito centradas na produção de pesquisas teóricas e desenvolvimento de projetos de formação profissional e na educação não-formal a partir de iniciativas de universidades públicas e privadas, além de centros e institutos de promoção e defesa de direitos humanos.
> (...)
> O resultado da pesquisa documental e bibliográfica demonstra que o principal espaço de instrumentalização do PNEDH é nas pós-graduações em estudos, pesquisas e extensão sobre EDH, além do trabalho de ONGs por meio de seus Institutos e Centros, ou seja, não parece haver uma implementação sistematizada de suas propostas, mas apenas o desenvolvimento disperso de iniciativas com a temática a fim de incentivar sua difusão.

Independentemente de algumas iniciativas salutares, o fato é que a pesquisa científica sobre esse tema ainda é tímida e carece de mais intercâmbio entre os estudiosos e maior interdisciplinaridade. Ademais, ressalvadas as exceções, em ampla maioria das instituições de ensino superior as questões de ética e cidadania são tratadas apenas em disciplinas específicas, normalmente de ética profissional, e não de forma transversal, atravessando todo o projeto pedagógico, todos os conteúdos e metodologias. A verdade é que essa é uma temática que ainda enfrenta certa má vontade das direções das instituições e do próprio corpo docente, como também apontou Tosi (2004).

Tal defasagem talvez seja um dos principais fatores a contribuir para que grande parte dos universitários brasileiros ainda não tenha a compreensão da amplitude e profundidade dos direitos fundamentais enquanto pressupostos da cidadania. Transformar essa realidade requer das instituições de ensino mais do que uma alteração curricular, mas, acima de tudo, uma mudança de postura.

Sócrates afirmava: "Não posso ensinar nada a ninguém, só posso fazê-los pensar" (cf. SANTIAGO, 2007, n.p.). Filho de uma parteira, praticava ofício semelhante ao da mãe: ajudava no nascimento de ideias. Nessa linha, talvez um dos caminhos a serem trilhados pelas universidades seja o já apontado por J. B. Libânio, de que "o exercício inteligente da reflexão, do questionamento, faz nascer ideias".

Na mesma linha, mas sob outro prisma, em seu livro *Eichmann em Jerusalém*, sobre o julgamento do nazista Adolf Eichmann, publicado em 1963, Hannah Arendt (2000) conclui que a causa das atrocidades cometidas pelo nazista havia sido a ausência do pensamento: "Quanto mais se ouvia Eichmann, mais óbvio ficava que sua incapacidade de falar estava intimamente relacionada com sua incapacidade de pensar, ou seja, de pensar do ponto de vista de outra pessoa". Ainda sobre a inabilidade de Eichmann em se comunicar, Arendt afirma: "[...] não porque mentisse, mas porque estava 'fechado' às palavras e à presença de terceiros e, portanto, à realidade como tal" (*ibidem*).

É com o propósito de suscitar a reflexão, o exercício pleno do pensamento, que apresento neste artigo uma mensagem anônima dirigida aos professores, encontrada ao término da Segunda Guerra Mundial:

> Prezado Professor
> Sou sobrevivente de um campo de concentração. Meus olhos viram o que nenhum homem deveria ver. Câmaras de gás construídas por engenheiros formados. Crianças envenenadas por médicos diplomados. Recém-nascidos mortos por enfermeiras treinadas. Mulheres e bebês fuzilados e queimados por graduados de colégios e universidades. Assim, tenho minhas suspeitas sobre a Educação.
> Meu pedido é: ajude seus alunos a tornarem-se humanos. Seus esforços nunca deverão produzir monstros treinados ou psicopatas hábeis. Ler, escrever e aritmética só são importantes para fazer nossas crianças mais humanas (PREZADO..., 2001).

Eis aí a grande missão da educação, que é a de resgatar, salvar vidas, contribuir na construção de um mundo melhor e de pessoas melhores. Despertar a solidariedade e o humano que as pessoas carregam no mais profundo do seu ser, aperfeiçoar o humano escondido na competição e no egoísmo de uma sociedade sem coração. Sociedade que se move na lógica do lucro, do mercado, erigido como um novo "deus". A educação deve alimentar as energias boas que dignificam a natureza humana, na qual os direitos humanos são uma chave para adentrarmos na construção deste mundo novo possível. Por isso, terminamos com uma lição de nossa cultura indígena:

> Um homem conversava com um velho índio:
> Você não pode me entender, sua cultura é primitiva demais para isso. Nós, que vivemos no mundo civilizado, temos que nos sobressair em nossas tarefas diárias. Se em alguns momentos podemos dar atenção a alguém, na maioria das vezes temos que passar por cima de tudo para sermos bem sucedidos. Na verdade, vivemos em constante competição.

Depois de dito isso, o homem sorria intimamente, pensando ter confundido totalmente a cabeça do velho índio. Este olhou nos olhos do homem e disse:
Dentro de mim moram dois cães que vivem uma luta eterna. Um é sábio, complacente, compreensivo, feliz. O outro se arrasta na maldade, na disputa, no cansaço e na dor.
Como nada mais dissesse, o homem lhe perguntou:
E quem vence essa luta?
Aquele que eu mais alimento – respondeu o índio.
Autor desconhecido (ANDRADE, 2000, p. 9).

POSFÁCIO

Escrevo este posfácio no olho do furacão da pandemia de covid 19. Ao ler *Democracia e direitos humanos em tempos de ovos de serpente*, alegrei-me com um texto simples, profundo e iluminador. Água fresca, fonte limpa. Um livro que ajuda a compreender muito do que atravessamos nesta trágica crise socioambiental. Vivemos uma mudança de época e nos perguntamos: com a pandemia, estamos mais convencidos da urgência de um empenho coletivo por uma sociedade da amizade e da fraternidade universal? Estamos conscientes de que se não vivermos uma conversão eclesial, ecológica e cultural colocaremos em risco nossa própria espécie humana nesse planeta? Durval Ângelo nos ajuda a responder essas questões a partir dos direitos humanos. E, de certa forma, também dos direitos da natureza, porque tudo está interligado na Casa Comum. Como diz o Papa Francisco: "as feridas da mãe terra sangram também em nós".

Antes de tocar em pontos importantes deste livro, pensemos em alguns elementos gerais da cultura contemporânea. A crise global pela qual passamos é causada por um sistema capitalista hegemônico insustentável. Como afirma Vandana Shiva, o capitalismo colonizou a terra. Tornou-se um regime totalitário no qual um por cento da população acumula riquezas equivalentes ao que possui cinquenta por cento da população mundial. Ou seja, cada vez mais aprofunda-se o abismo entre minoria bilionária e maioria que não possui as condições básicas de sobrevivência. É nesse cenário global que nos encontramos, no qual os direitos humanos e da mãe terra são agudamente violados por uma economia que mata. É a partir dos atingidos e atingidas por esse neoliberalismo, que coloca o lucro acima da vida, que devemos pensar direitos e justiça.

A outra questão é sobre nosso cenário brasileiro. A tragédia que já se anunciava com a emancipação conturbada de um Presidente da República comprometido com causas totalmente antidemocráticas, com a chegada da pandemia de covid 19, confirmou-se ainda mais. Além do desgoverno atual imprimir um negacionismo que fez elevar drasticamente o número de mortos no país, mostrou-se também suspeito de superfaturar vacinas, sendo alvo de uma CPI, de mais de 100 processos de *impeachment* e de inúmeros protestos nas ruas do país. Suas pautas são a liberação de armas, o agronegócio, a flexibilização de leis de proteção ao meio ambiente, com aumento de desmatamento, ameaçando povos indígenas, quilombolas, pequenos agricultores. Sem contar seus elogios a torturadores, suas agressões verbais a jornalistas etc. E o pior, um Poder Executivo que é amparado por boa parte do Legislativo e do Judiciário. Enquanto isso, o aumento da fome e do desemprego revelam, no real da vida, uma agenda econômica nacional apenas preocupada em satisfazer interesses das grandes multinacionais.

Olhando para o Estado de Minas Gerais, território que o autor bem conhece, e onde também exerço meu trabalho como bispo, vemo-nos mergulhados no drama da minério-dependência. Os crimes da Vale em Mariana e em Brumadinho, com tantos danos humanos e ambientais, seguem deixando rastros de impunidade e violações às comunidades atingidas. Infelizmente, tudo isso reforça a convicção de que nosso Estado, em instâncias executivas, legislativas e judiciárias, anda, cada vez mais, cúmplice dos grandes interesses financeiros, o que causa descrença dos mais pobres e afetados pelo sistema econômico atual. Uma realidade que me motivou a escrever o seguinte poema, por ocasião da tragédia/crime com o rompimento da barragem da Mina do Córrego do Feijão, em Brumadinho:

> Que Minas
> A das mineradoras
> Que não nos levam a sério
> Só levam nosso minério
> Ou Minas de água doce
> Gente de fé
> Povo bão
> Grande sertão
> Que nosso luto
> Seja verbo
> Para que
> De Minas Gerais
> Não nos reste
> Apenas ais...

Além disso, um outro fator para o qual temos obrigação de chamar atenção é a questão religiosa. Nestes cenários conturbados, temos o magistério do Papa Francisco, que nos convoca a ser uma

Igreja em saída, comprometida com os pobres, a viver uma conversão ecológica, na defesa de nossa Casa Comum, e a buscar uma cultura da amizade. Entretanto, crescem entre nós grupos fascistas, extremistas que usam o nome de Deus, o Evangelho de Jesus, para divulgarem ideias totalmente distorcidas e opostas ao que nos pede a democracia e a Igreja nos dias atuais. Ou seja, o tema dos direitos humanos e da natureza diz respeito também aos caminhos de nossa evangelização. Adoramos ao Deus da vida, comunhão trinitária, que na pessoa de Jesus revelou seu reino de paz e justiça, ou servimos aos ídolos do dinheiro, da violência, da discriminação?

Essas considerações iniciais testemunham a importância da obra que Durval Ângelo nos oferece. Com isso, destaco alguns pontos desta. Inicio com o princípio básico: "todos os seres humanos nascem livres e iguais em dignidade e direitos. São dotados de razão e consciência e devem agir em relação uns aos outros com espírito de fraternidade", como afirma o artigo primeiro da Declaração Universal dos Direitos Humanos, aprovado e divulgado pelas Organização das Nações Unidas, em 1948. Isso significa que estamos diante de um dos textos mais profundos que a inteligência humana construiu sobre a nobre vocação de toda pessoa nessa terra, e de como garantir a inviolabilidade de sua dignidade. Uma declaração que merece ser, radicalmente, aprofundada e compartilhada nos dias de hoje. Nesse sentido, é muito bom ver pessoas como o autor deste livro, que, a partir de dados nacionais e do Estado de Minas Gerais, onde mais atua, traz um verdadeiro testemunho de promoção da Declaração Universal dos Direitos Humanos.

Outro elemento instigante encontra-se no próprio título do livro *Democracia e direitos humanos em tempos de ovos de serpente*. Ele nos interpela a pensar nas conquistas, mas também nos riscos, nas violações. É interessante como, a partir de um giro na história, o autor mostra como os direitos humanos eram preocupação desde a Antiguidade, como é o caso do "Cilindro de Ciro" (séc. VI a.C.), passando pela era romana e pela modernidade, independência dos Estados Unidos e Revolução Francesa, até chegar aos nossos dias, com a criação da Carta Magna Internacional. E como todo esse caminho se encontra representado em nossa Constituição brasileira, uma herança tão ameaçada pelos "ovos de serpente", por forças violentas, extremistas e preconceituosas expressas por movimentos de feições fascistas.

Ainda, são destacadas conquistas posteriores a 1948. Assim escreve Durval Ângelo: "foram elaborados dois documentos principais: o

Pacto Internacional dos Direitos Civis e Políticos e o Pacto Internacional dos Direitos Econômicos, Sociais e Culturais, transformados em lei internacional, em 1976. Juntamente com a Declaração Universal dos Direitos Humanos, estes dois pactos constituem o que é conhecido como a 'Lei Internacional de Direitos Humanos'". Além disso, vários tratados vieram posteriormente, como o da discriminação racial, da prevenção de genocídio, dos direitos políticos das mulheres, da escravidão e da tortura. Tudo isso nos instiga a continuar consolidando tais conquistas e não colocando em risco a democracia, num momento tão frágil pelo qual passa a sociedade global e brasileira.

Temáticas tão atuais são enfocadas com muita clareza pelo autor, colocando a democracia como regime único que incorpora os direitos humanos. O Brasil conheceu, principalmente de 1990 a 2009, tempos muito férteis com o fortalecimento da defesa da dignidade da pessoa humana. No entanto, o que veio, em seguida, foram tempos de ameaças profundas, que culmina com a eleição de Jair Bolsonaro, assim considera o autor. Passamos a conviver com o "bolsonarismo", que, de diversas formas, arquiteta ataques violentos a um caminho tão sagrado, construído com esforço internacional e nacional. Durval Ângelo lembra que, no Brasil de Bolsonaro, "aquele que milita na defesa dos direitos humanos é rotulado por uma parcela dirigente da sociedade, como se carregasse consigo uma placa invisível na qual está escrito defensor de bandido". Por isso, o atual Presidente é alvo de protestos também internacionais por violar questões fundamentais dos direitos humanos, como ataques aos povos indígenas, ataques ao meio ambiente, elogios à ditadura etc. Ou seja, "somos um país avançado, progressista, em termos legais, mas que, do ponto de vista real, vive à margem das conquistas obtidas em outros países do mundo, ou que o acesso aos direitos não é para todos neste país cheio de contradições".

Muitos outros temas são tratados, também, a partir de iniciativas implementadas e visando novos horizontes. A educação em direitos humanos é tarefa fundamental, sem a qual não haverá avanços. Numa sociedade democrática, não podemos nos acomodar com ganhos já alcançados. Nesse sentido, às reflexões de Durval Ângelo lembramos as iniciativas propostas pelo Papa Francisco como respostas amplas que garantem uma nova cultura na qual todos somos irmãos e irmãs, vivendo numa Casa Comum. O Pacto pela Educação, a Economia de Francisco e Clara, a proposta de uma Igreja em saída apontam para a construção de uma sociedade dos direitos humanos e da natureza. E tudo isso não se trata de tarefas que serão cumpridas imediatamente. Há um longo caminho a percorrer. E para dar continuidade a tantos passos, consertando rotas equivocadas, vale uma boa leitura de *Democracia e direitos humanos em tempos de ovos de serpente*, fazendo reverberar ideias e ações em nossas redes de vida e de fé.

Dom Vicente Ferreira
Bispo Auxiliar da Arquidiocese de Belo Horizonte

REFERÊNCIAS

ALENCAR, Chico (Org.). *Direitos mais humanos*. Rio de Janeiro: Garamond, 2002.

ANDRADE, Durval Ângelo (Org.). *O direito de ter direitos*: a mais-valia dos desvalidos. Belo Horizonte: Expressa, 2010.

ANDRADE, Durval Ângelo. *APAC*: a face humana da prisão. 6. ed. rev. e atual. Belo Horizonte: Bigráfica Editora, 2021.

ANDRADE, Durval Ângelo. *Conselhos de cidadania*: exercício de democracia. Belo Horizonte: Ed. do Autor, 2020.

ANDRADE, Durval Ângelo. *Estórias que ouço, estórias que conto*. 2. ed. Belo Horizonte: O Lutador, 2000.

ANDRADE, Durval Ângelo. *O direito de ter direitos*: a mais-valia dos desvalidos. Belo Horizonte, 2010.

ANDRADE, Maria Inês Chaves de. *A fraternidade como Direito Fundamental entre o Ser e o Dever Ser na Dialéctica dos Opostos de Hegel*. Coimbra: Edições Almedina, 2010.

ANDRADE, Paulo. Pesquisa analisa avanços e retrocessos em políticas de direitos humanos no Brasil. *Faculdade de Filosofia, Letras e Ciências Humanas* (Portal). 11 out. 2019. Disponível em: https://www.fflch.usp.br/1854. Acesso em: 2 jun. 2021.

ANISTIA INTERNACIONAL. *Informe 2009 – Anistia Internacional*: o estado dos direitos humanos no mundo. Porto Alegre: Algo Mais Artes Gráficas, 2009. p. 7-23.

ARENDT, Hanna. *Eichmann em Jerusalém*: um relato sobre a banalidade do mal. São Paulo: Companhia das Letras, 2000.

ASSEMBLEIA LEGISLATIVA DE MINAS GERAIS. *Notas Taquigráficas da 28ª reunião extraordinária da Comissão de Direitos Humanos da 2ª Sessão Legislativa Ordinária da 16ª Legislatura, realizada no dia 9 de dezembro de 2008*.

BARBOSA, Rui. *Oração aos Moços*. São Paulo: Martin Claret, 2003.

BÍBLIA SAGRADA. Edição de Jerusalém. Campinas: Paulinas, 1981.

BOBBIO, Norberto. *A era dos direitos*. Rio de Janeiro: Campus, 1992.

BOFF, Leonardo. *Saber cuidar*: ética do humano – compaixão pela terra. Petrópolis: Vozes, 1999.

BRASIL, Constituição (1988). *Constituição da República Federativa do Brasil*: promulgada em 5 de outubro de 1988. 9. ed. Belo Horizonte: Assembleia Legislativa de Minas Gerais, 2002. 423 p.

BRASIL. Ministério da Educação. Secretaria Especial dos Direitos Humanos. Comitê Nacional de Educação em Direitos Humanos. *Plano nacional de Educação em direitos humanos*. Brasília: Secretaria Especial dos Direitos Humanos/Ministério da Educação, 2006. Disponível em: http://www.dhnet.org.br/dados/pp/edh/br/pnedh2/pnedh_2.pdf. Acesso em: 12 out. 2008.

BRASIL. Presidência da República. Casa Civil. Subchefia para Assuntos Jurídicos. Lei nº 9.394, de 20 de dezembro de 1996. Estabelece as diretrizes e bases da Educação nacional. *Diário Oficial da União*, Brasília, 23 dez. 1996. Disponível em: http://www.planalto.gov.br/ccivil_03/Leis/L9394.htm. Acesso em: 12 out. 2008.

Brasil: as instituições confrontam Bolsonaro. *Human Rights Watch*. 13. Jan. 2021. Disponível em: https://www.hrw.org/pt/news/2021/01/13/377542. Acesso em: 1º jun.2021.

BUCCI, Maria Paula Dallari. Políticas públicas e direito administrativo. In: *Revista de Informação Legislativa*, Brasília, n.133, jan./mar. 1997.

CELAM. *Documento de Santo Domingo*. Campinas: Paulinas, 1992.

CUNHA, Antônio Geraldo da. *Dicionário etimológico Nova Fronteira da língua portuguesa*. 2. ed. rev. Rio de Janeiro: Nova Fronteira, 1992. p. 283.

EFDH-MG, Escola de Formação em Direitos Humanos de Minas Gerais. *Coleção Cadernos de Direitos Humanos*. Belo Horizonte: Marginália Comunicação, 2016.

FREI BETTO. Direitos inumanos. *America Latina en Movimiento*, Quito, n. 384, não paginado, dez. 2004. Disponível em: http://alainet.org/active/7270&lang=es. Acesso em: 10 out. 2008.

GUARESCHI, Neuza; COMUNELLO, Luciele Nardi; NARDINI, Milena; HOENISCH, Júlio César. Problematizando as práticas psicológicas no modo de entender a violência. In: . Strey, Marlene N.; Azambuja, Mariana P. Ruwer; Jaeger, Fernanda Pires (Org.). *Violência, gênero e Políticas Públicas*. Porto Alegre: EDIPUCRS, 2004.

HRW denuncia avanços contra direitos humanos no Brasil. *Deutsche Welle*. 14 jan. 2020. Disponível em: https://www.dw.com/pt-br/hrw-denuncia-avanços-contra-direitos-humanos-no-brasil/a-52006112 . Acesso em: 1º jun. 2021.

https://g1.globo.com/mg/minas-gerais/noticia/2020/09/03/monitor-da-violencia-60-pessoas-foram-mortas-pela-policia-no-1o-semestre-de-2020-em-minas.ghtml. Acesso em: 2 jun. 2021.

MADJAROF, Rosana. *Sócrates*. [S.l.: s.n.], ©1997. Não paginado. Disponível em: http://www.mundodosfilosofos.com.br/socrates.htm. Acesso em: 10 out. 2008.

MELO, Alessandra; PRATES, Maria Clara; RIBEIRO, Luiz. Corrupção e pobreza de mãos dadas. *Estado de Minas*, Belo Horizonte, 30 ago. 2009. Política, p. 3-4.

MIRANDA, Geraldo Magela Carozzi de (Coord.). Direitos e direitos humanos: o que pensam os universitários? *O Tempo*, Belo Horizonte, 19 maio 2002. Caderno Cidades, p. 7 e 8.

Monitor da Violência: 60 pessoas foram mortas pela polícia no 1º semestre de 2020, em Minas. *G1*. 3 set. 2020. Disponível em:

MOTA, H. de A. Democracia e educação em direitos humanos no Brasil: resistência e possibilidades da defesa da plataforma humanista no cenário político nacional e mundial. *Filosofia e Educação*, Campinas, SP, v. 12, n. 2, 2020. DOI: 10.20396/rfe.v12i2.8661056. Disponível em: https://periodicos.sbu.unicamp.br/ojs/index.php/rfe/article/view/8661056. Acesso em: 10 jun. 2021.

OBSERVATÓRIO DE DIREITOS HUMANOS. *Relatório de Direitos Humanos do Estado de Minas Gerais*. Disponível em: http://www.sedese.mg.gov.br/documentos/Subsecretaria%20 Direitos%20Humanos/Relatorio%20DH/relatorio_dh.pdf Acesso em: 4 set. 2009.

ONU – ORGANIZAÇÃO DAS NAÇÕES UNIDAS. Assembleia Geral. *Declaração universal dos direitos humanos*: resolução 217 A (III), de 10 de dezembro de 1948. [S.l.: s.n.], 1948. Disponível em: http://www.onu-brasil.org.br. Acesso em: 16 out. 2008.

PLATÃO. *A república*. Trad. M. H. da Rocha Pereira. 7. ed. Lisboa: Fundação Calouste Goubenkian, 1993.

PREZADO Professor. *In:* DOWBOR, Ladislau. *Tecnologias do conhecimento*: os desafios da Educação. [S.l.: s.n.], 2001. Não paginado. Mensagem anônima, [ca. 1945]. Disponível em: http://br.monografias.com/trabalhos903.html. Acesso em: 10 out. 2008.

SALGADO, Joaquim Carlos. *Os Direitos Fundamentais*. São Paulo: Revista Brasileira de Estudos Políticos. Belo Horizonte, n. 82. p. 15-69, jan., 1996.

SANTIAGO, Zilda. *Sócrates*. [S.l.]: Recanto das Letras, 2007. Não paginado. Disponível em: http://recantodasletras.uol.com.br/frases/542206. Acesso em: 16 out. 2008.

SARAMAGO, José. *Ensaio sobre a cegueira*. São Paulo: Companhia das Letras SOARES, Maria Victória de Mesquita Benevides. *Cidadania e Direitos Humanos*. Disponível em: http://www.iea.usp.br/iea/artigos/benevidescidadaniaedireitoshumanos.pdf. Acesso em: 5 ago. 2009.

SOUZA, Robson Sávio Reis (Org.). *Universidade e direitos humanos*: práticas desenvolvidas na PUC-Minas. Belo Horizonte: Ed. PUC Minas, 2009. 304p.

TOSI, Giuseppe. A universidade e a Educação em direitos humanos. *In:* ALBERTO, Maria de Fátima Pereira (Org.). *Trabalho infanto-juvenil e direitos humanos*. João Pessoa: Ed. UFPB, 2004. v. 1, p. 77-96. Disponível em: www.dhnet.org.br/direitos/militantes/tosi/tosi_univ_educ_dh.pdf.

Um breve histórico dos direitos humanos. *Unidos pelos direitos humanos*. Disponível em: https://www.unidospelosdireitoshumanos.org.br/what-are-human-rights/brief-history/. Acesso em 2 jun. 2021.

VIEIRA, Pe. Antônio. Sermão de Santo Antônio (1670). *In:* VIEIRA, Pe. Antônio. *Sermões*. t. I. Org. e introd. Alcir Pécora. São Paulo: Hedra, 2001. p. 277-293.

ANEXO I

PESQUISA ANALISA AVANÇOS E RETROCESSOS EM POLÍTICAS DE DIREITOS HUMANOS NO BRASIL[1]

PAULO ANDRADE

Nas últimas décadas, o tema dos direitos humanos no Brasil experimentou dois períodos distintos: um fenômeno de expansão, com programas e políticas públicas em uma reação da sociedade civil à violência praticada por autoridades do Estado, que teve seu ápice com o massacre do Carandiru, em 1992; e um movimento em reação a tais políticas, principalmente após o 3º Programa Nacional de Direitos Humanos, implementado em 2009, e que teve a Comissão da Verdade como principal produto.

O assunto foi estudado pelo cientista político Otávio Dias de Souza Ferreira em pesquisa de doutorado, defendida em 2019, pela Faculdade de Filosofia, Letras e Ciências Humanas (FFLCH) da USP.

Conversamos com o pesquisador para nos ajudar a entender as mudanças em nossa percepção sobre os direitos humanos, tema atualíssimo no Brasil de hoje. Confira a entrevista completa:

Serviço de Comunicação Social: O que sua pesquisa estudou?

Otávio Ferreira: A pesquisa analisou duas tendências políticas que se alternaram no período entre 1992 e 2016: uma primeira de democratização, no âmbito de uma virada à esquerda no Brasil, acompanhando um fenômeno maior realizado no continente; e uma

---

[1] Entrevista disponível em: https://www.fflch.usp.br/1854; com publicação autorizada.

que se criou em sua oposição, a partir do fim de 2009, em reação ao 3º Programa Nacional de Direitos Humanos (PNDH-3), até a deposição de Dilma Rousseff, em 2016.

O estudo tomou como base conflitos envolvendo atores individuais (lideranças políticas e influenciadores políticos) e atores coletivos da sociedade civil na esfera pública sobre direitos humanos no sistema punitivo nesse período. O sistema punitivo foi considerado de modo amplo, desde a proposição legislativa até a persecução penal judicial, incluindo as agências de segurança pública.

Posições diversas assumidas no espectro político-ideológico da direita e da esquerda foram consideradas. Do estudo mais detalhado no caso das disputas ocorridas no estado de São Paulo foi possível um olhar para a sua reprodução no universo maior político nacional. Identificou-se a centralidade da temática dos direitos humanos nas disputas desde a afluência da Maré Rosa no Brasil até o seu refluxo.

Serviço de Comunicação Social: Por que você escolheu especificamente esse recorte 1992-2016?

Otávio Ferreira: O recorte temporal considerou como marco inicial o episódio conhecido como massacre do Carandiru, ocorrido em 02.10.1992, e que representaria o ápice de uma crescente tendência de violência estatal praticada por autoridades das agências de segurança pública e da administração penitenciária, o que implicou numa reação da sociedade civil e contagiou os discursos vencedores nas eleições para o governo do estado de São Paulo e no Executivo da União, em 1994.

Esse movimento, que chamamos de período de democratização, teve impacto na indicação de pessoas comprometidas com a agenda de direitos humanos para cargos importantes, no maior protagonismo internacional brasileiro na área, na criação de arranjos institucionais em defesa e promoção dos direitos humanos e na formulação dos programas de direitos humanos nos diferentes entes da federação, embora tenha encontrado limites e não foi capaz de frear a continuidade de uma série histórica de violações de direitos humanos.

O marco final foi a edição da Lei Antiterror, em 2016, que correspondeu ao último grande ato em matéria de direitos humanos no sistema punitivo de autoria do já combalido Governo Dilma Rousseff. Alvo de diversas críticas em razão das ameaças contidas na norma para os movimentos sociais de esquerda, situamos ali o momento simbólico que marca o fim da Maré Rosa no Brasil.

Serviço de Comunicação Social: Qual metodologia você utilizou? (que tipo de material analisou, entrevistas, etc.)

Otávio Ferreira: Primeiramente a abordagem se serviu do conceito de esfera pública na tradição habermasiana, o que tem implicações metodológicas como na preferência por uma abordagem do conflito, mais precisamente na busca por embates em torno de discursos.

Foram realizados estudos sobre as trajetórias políticas de indivíduos (lideranças e influenciadores políticos) e sobre as ecologias organizacionais para dimensionar o universo dos atores coletivos.

Um banco de dados com mais de dois mil documentos foi construído a partir da ampliação do banco de dados sobre direitos humanos no Brasil e em São Paulo do Núcleo de Estudos da Violência da Universidade de São Paulo (NEV/USP).

Além dele, cerca de vinte entrevistas com lideranças e influenciadores políticos de direita e de esquerda foram realizadas, incluiu os depoimentos de pessoas como Carla Zambelli, Renato Simões, Adriano Diogo, Paulo Sérgio Pinheiro, Coronel Telhada, Afanásio Jazadji, Vanderlei Siraque, Marcello Reis, entre outros.

Buscou-se a conciliação de abordagens para se ter de algum modo a trabalhar simultaneamente com o micro e o macro e com a estrutura e a agência.

Até 2009, baseou-se mais em material da grande imprensa escrita e dos parlamentos, a esfera pública central ou formal. Desde então, com a popularização da internet no país passou-se a considerar como material a comunicação da militância nas mídias e redes sociais digitais, com evidente protagonismo nas estratégias e ações dos atores da direita.

Serviço de Comunicação Social: O que foi o PNDH3 e por que houve reação da direita após anos de avanços no tema?

Otávio Ferreira: O PNDH-3 – ou Programa Nacional de Direitos Humanos – foi resultado de uma construção coletiva ampla, absorvendo demandas de dezenas de conferências regionais e nacionais de diversos grupos da sociedade civil de todo o país envolvidos com a agenda de direitos humanos.

Resultou em um plano estruturado em diretrizes, objetivos estratégicos, ações programáticas e respectivos atores responsáveis nas mais variadas pastas ministeriais, constituindo uma verdadeira agenda transversal de governo.

Foi bem mais ambicioso que os programas anteriores e ganhou mais radicalidade do que o usual dos governos petistas, analisados por André Singer como de "reformismo fraco". Tocou de forma assertiva em vários pontos sensíveis a grupos da direita e logrou pela primeira vez em anos uma união de amplos setores da oposição que estavam mais fragmentados, como os religiosos conservadores, os proprietários rurais, a imprensa corporativa, os militares e civis simpatizantes do período militar.

Apesar do Governo estar com elevada popularidade e do país atravessar um período de bonança econômica, impressionou o fato dele ter recuado em pouco tempo em vários pontos do PNDH-3. Isso desmobilizou bases populares de apoio ao Governo e a própria política de participação social e motivou essa oposição que se encontrava desacreditada e que vai produzir cada vez mais ruído na esfera pública nos anos seguintes.

Serviço de Comunicação Social: Por que a Comissão da Verdade também gerou reações?

Otávio Ferreira: A Comissão da Verdade, enquanto o principal produto do PNDH-3 que saiu do papel, tocou especialmente em uma agenda política de defesa da verdade e da memória, entrando em rota de conflito com aqueles setores civis e militares entusiastas do regime militar instaurado com o Golpe de Estado de 1964.

A Comissão foi uma política pública prevista no PNDH-3 que ficou em voga na esfera pública por um longo período de amadurecimento da coalizão criada em 2009, desde a sua lei de fundação, em 2011, até o Relatório Final, no final de 2014, passando pelo histórico evento de formação do colegiado, em 2012.

Recebeu crítica dos mais variados atores que criticaram o PNDH-3, mas acabou dando um protagonismo e liderança naturalmente àqueles setores mais envolvidos com o regime militar. Colocou em evidência também determinadas temáticas da Guerra Fria e do autoritarismo, como as teses negacionistas da história, ajudando a reviver elementos daquela polarização, um entendimento restrito de democracia e o fantasma do comunismo.

Serviço de Comunicação Social: Que resultados você obteve? (qual a tese do trabalho)

Otávio Ferreira: Primeiramente, argumenta-se a centralidade das disputas discursivas tomada em torno dos direitos humanos no sistema punitivo, entendido de forma ampla, abrangendo legislativo, judiciário e agências de segurança pública e punição, tanto no fenômeno da virada à esquerda, quanto na oposição a ela.

Assim, o fenômeno equivalente a uma virada à esquerda no Brasil, lido a partir dos embates em torno dos direitos humanos, deve tomar como marco inicial 1994, com a chegada de grupos progressistas com discursos que ressaltavam o controle de abusos do Estado e que tiveram impulso com a repercussão do Massacre do Carandiru.

Iniciou-se ali um processo de progressiva democratização, com a fundação de várias agências e arranjos de participação nos diferentes entes federativos e nos parlamentos, da União ao município de São Paulo. O Brasil avançou na internacionalização dos direitos humanos e os discursos em defesa dos direitos humanos foram mantidos por longos anos, com algumas variações e disputas internas no campo progressista.

Apesar dos avanços institucionais, não se logrou mitigar um histórico de violências e abusos de agentes estatais e algumas instituições tiveram pouca ou nenhuma permeabilidade a mudança de práticas, alinhada aos discursos das autoridades.

Situamos o início da virada à direita no Brasil na reação ao PNDH-3, a partir de dezembro de 2009, considerando a união ampla de setores da direita política insurgindo-se contra toda uma agenda política do governo e conquistando uma improvável vitória quando se encontrava desacreditada. Coincidiu com o momento de popularização da internet no país e contou com a militância ampla em mídias e redes sociais digitais, ao lado das ações empreendidas na esfera pública formal ou central.

O fato de a Comissão Nacional da Verdade ter sido o principal produto do PNDH-3 que saiu do papel, colocou determinados atores e discursos no centro da esfera pública e na liderança dessa coalizão da direita. A partir do fim de 2014, a retórica do combate à corrupção e da impunidade passa a ter predominância nesse movimento.

Outras conclusões de menor alcance podem ser tomadas na leitura da tese como nas diferenças do ativismo em defesa dos direitos humanos no sistema punitivo no período e na complexidade das disputas no nível mais micro, quando comparamos as opiniões individuais de lideranças e influenciadores políticos.

Serviço de Comunicação Social: Que importância tem sua pesquisa e a quem interessa esse estudo?

Otávio Ferreira: A pesquisa colabora com esforços de uma literatura contemporânea dedicada à compreensão desse período recente recém esgotado, de Virada à Esquerda ou de Maré Rosa no Brasil. Dialoga com os esforços no continente de compreensão a extensão do fenômeno na América Latina.

Contribui também para o mapeamento e análise das diferentes formas de ativismo em matéria de direitos humanos do sistema punitivo a partir da organização de ecologias organizacionais da sociedade civil e da identificação de mudanças significativas, especialmente na pluralização de coletivos, movimentos e organizações populares, de articuladores e dos canais de mídia digital.

Ao dividir as pautas ou discursos em temas principais, outra contribuição do trabalho foi mostrar nuances em disputas mais específicas, tornando mais complexo o cenário de disputa, para além do binarismo.

No confronto dos depoimentos de lideranças e influenciadores políticos de diferentes gerações, podemos também refletir sobre eventuais diferenças entre o que se entende por nova direita e aquela direita mais tradicional.

Serviço de Comunicação Social: É possível relacionar o trabalho e os resultados para ajudar a entender a política e o nosso cotidiano atualmente?

Otávio Ferreira: Os resultados do trabalho ajudam a compreender parte dos motivos da ascensão de Jair Bolsonaro ao poder e parte das estratégias discursivas dele, na importância dedicada a vários temas ligados aos direitos humanos, como na lógica negacionista da história, um desapreço pela democracia e pelos valores democráticos e no incentivo a um ambiente de polarização com várias referências do tempo da Guerra Fria.

O fim da Maré Rosa no Brasil não significou o fim da Maré Cinza, que seguiu avançando. Inaugurou-se um novo momento de disputa no campo da direita de diferenciação, quando os diversos atores inicialmente unidos em um bloco em torno de um inimigo comum, passaram a disputar entre si, mais diretamente, os espaços de poder.

ANEXO II

INDICADORES DE DIREITOS HUMANOS EM MINAS

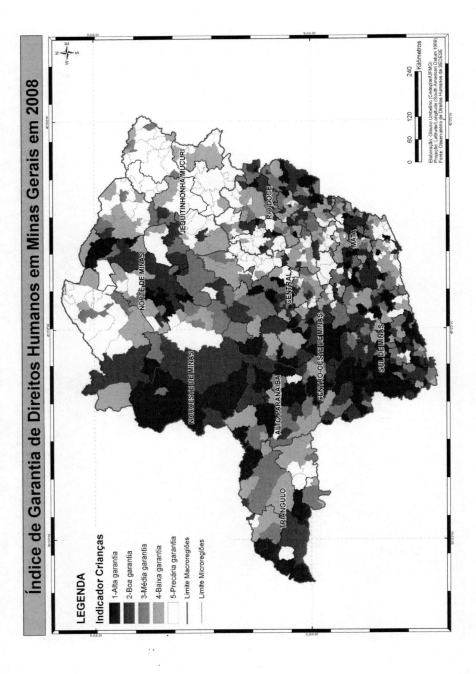

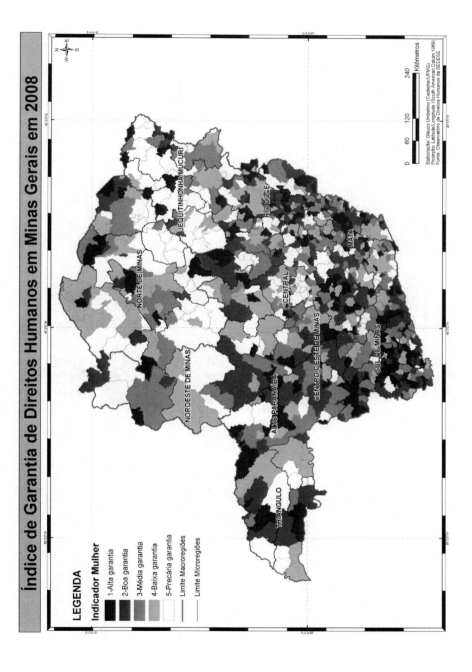

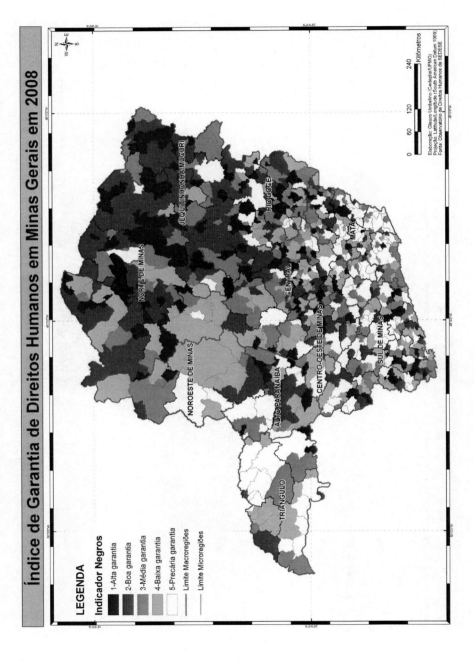

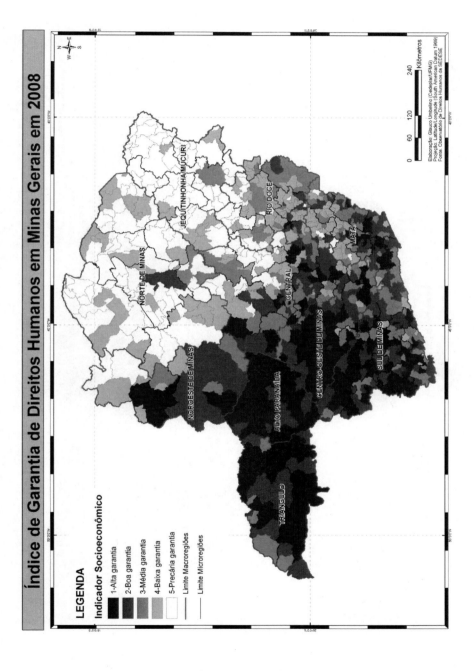

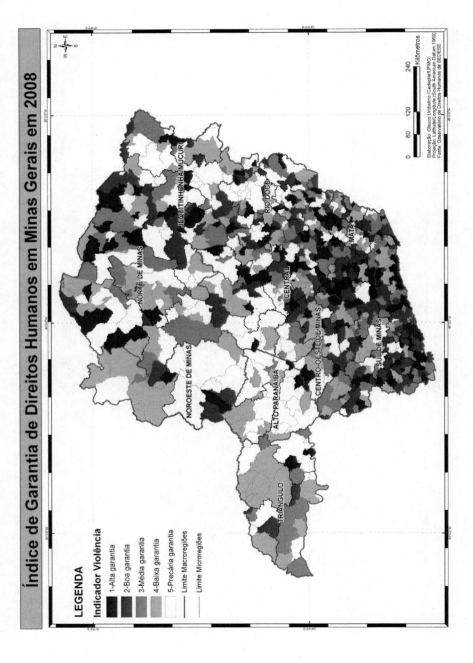

ANEXO II
INDICADORES DE DIREITOS HUMANOS EM MINAS

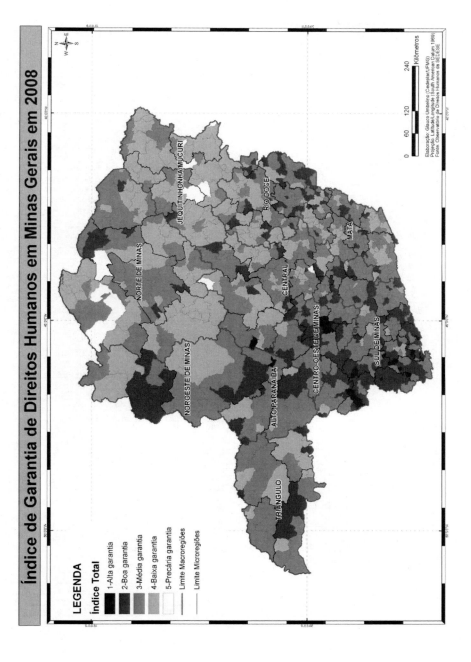

Município	Dimensão Socioeconômica	Dimensão Violência	Criança e Adolescente	Dimensão Mulher	Dimensão Negro	Média Geral
Abadia dos Dourados	Boa	Baixa	Alta	Alta	Média	Boa Garantia
Abaeté	Alta	Baixa	Baixa	Baixa	Média	Média Garantia
Abre Campo	Média	Alta	Precária	Baixa	Baixa	Média Garantia
Acaiaca	Baixa	Baixa	Precária	Precária	Média	Baixa Garantia
Açucena	Baixa	Baixa	Precária	Precária	Média	Baixa Garantia
Água Boa	Precária	Boa	Precária	Baixa	Boa	Baixa Garantia
Água Comprida	Alta	Alta	Média	Baixa	Alta	Boa Garantia
Aguanil	Boa	Boa	Média	Média	Média	Média Garantia
Águas Formosas	Precária	Precária	Precária	Precária	Boa	Baixa Garantia
Águas Vermelhas	Precária	Boa	Precária	Boa	Boa	Média Garantia
Aimorés	Média	Precária	Boa	Boa	Baixa	Média Garantia
Aiuruoca	Média	Alta	Precária	Alta	Média	Média Garantia
Alago	Média	Média	Boa	Alta	Precária	Média Garantia
Albertina	Boa	Baixa	Boa	Alta	Precária	Média Garantia
Além Paraíba	Boa	Boa	Precária	Precária	Precária	Baixa Garantia
Alfenas	Alta	Precária	Alta	Média	Precária	Média Garantia
Alfredo Vasconcelos	Média	Alta	Boa	Precária	Precária	Média Garantia
Almenara	Precária	Precária	Precária	Precária	Alta	Baixa Garantia
Alpercata	Média	Média	Média	Boa	Boa	Média Garantia
Alpinópolis	Alta	Média	Boa	Alta	Boa	Boa Garantia
Alterosa	Boa	Boa	Alta	Boa	Média	Boa Garantia
Alto Caparaó	Boa	Baixa	Baixa	Média	Média	Média Garantia
Alto Jequitibá	Boa	Boa	Boa	Alta	Baixa	Boa Garantia
Alto Rio Doce	Baixa	Boa	Média	Boa	Baixa	Média Garantia
Alvarenga	Baixa	Boa	Alta	Alta	Boa	Boa Garantia
Alvinópolis	Média	Média	Boa	Boa	Precária	Média Garantia
Alvorada de Minas	Precária	Média	Precária	Precária	Boa	Baixa Garantia
Amparo do Serra	Baixa	Baixa	Baixa	Alta	Média	Média Garantia
Andradas	Alta	Boa	Alta	Boa	Boa	Boa Garantia
Andrelândia	Média	Boa	Alta	Baixa	Precária	Média Garantia
Angelândia	Precária	Precária	Precária	Precária	Boa	Baixa Garantia
Antônio Carlos	Média	Alta	Boa	Precária	Precária	Média Garantia
Antônio Dias	Baixa	Média	Baixa	Precária	Baixa	Baixa Garantia
Antônio Prado de Minas	Boa	Alta	Alta	Média	Boa	Boa Garantia
Araçaí	Média	Baixa	Boa	Precária	Baixa	Baixa Garantia
Aracitaba	Média	Boa	Boa	Alta	Média	Boa Garantia
Araçuaí	Precária	Precária	Precária	Precária	Boa	Baixa Garantia
Araguari	Alta	Precária	Alta	Alta	Precária	Média Garantia
Arantina	Boa	Baixa	Alta	Boa	Boa	Boa Garantia
Araponga	Baixa	Alta	Precária	Boa	Baixa	Média Garantia
Araporã	Alta	Baixa	Boa	Média	Boa	Boa Garantia
Arapuá	Alta	Média	Alta	Alta	Boa	Boa Garantia
Araújos	Alta	Boa	Alta	Boa	Boa	Boa Garantia
Araxá	Alta	Precária	Boa	Baixa	Baixa	Média Garantia
Arceburgo	Boa	Baixa	Boa	Alta	Alta	Boa Garantia
Arcos	Alta	Média	Alta	Média	Média	Boa Garantia
Areado	Alta	Baixa	Boa	Alta	Baixa	Boa Garantia
Argirita	Média	Alta	Precária	Baixa	Média	Média Garantia
Aricanduva	Precária	Alta	Baixa	Precária	Média	Baixa Garantia
Arinos	Precária	Baixa	Boa	Precária	Boa	Baixa Garantia
Astolfo Dutra	Alta	Alta	Baixa	Alta	Baixa	Boa Garantia
Ataléia	Precária	Baixa	Precária	Precária	Boa	Baixa Garantia
Augusto de Lima	Baixa	Baixa	Média	Média	Alta	Média Garantia
Baependi	Boa	Boa	Média	Boa	Alta	Boa Garantia
Baldim	Média	Média	Alta	Precária	Precária	Média Garantia
Bambuí	Alta	Baixa	Baixa	Média	Baixa	Média Garantia
Bandeira	Precária	Baixa	Média	Média	Boa	Média Garantia
Bandeira do Sul	Boa	Boa	Alta	Alta	Alta	Alta Garantia

ANEXO II
INDICADORES DE DIREITOS HUMANOS EM MINAS

Município	Dimensão Socioeconômica	Dimensão Violência	Criança e Adolescente	Dimensão Mulher	Dimensão Negro	Média Geral
Barão de Cocais	Boa	Baixa	Baixa	Precária	Boa	Média Garantia
Barão de Monte Alto	Média	Precária	Boa	Alta	Média	Média Garantia
Barbacena	Alta	Baixa	Boa	Baixa	Precária	Média Garantia
Barra Longa	Baixa	Alta	Precária	Média	Média	Média Garantia
Barroso	Boa	Boa	Boa	Boa	Precária	Média Garantia
Bela Vista de Minas	Boa	Média	Precária	Precária	Média	Baixa Garantia
Belmiro Braga	Média	Alta	Precária	Precária	Média	Média Garantia
Belo Horizonte	Boa	Baixa	Média	Precária	Precária	Baixa Garantia
Belo Oriente	Baixa	Média	Baixa	Precária	Alta	Média Garantia
Belo Vale	Média	Alta	Precária	Alta	Baixa	Média Garantia
Berilo	Precária	Boa	Boa	Boa	Alta	Boa Garantia
Berizal	Precária	Alta	Média	Alta	Alta	Boa Garantia
Bertópolis	Precária	Alta	Precária	Precária	Boa	Baixa Garantia
Betim	Boa	Baixa	Boa	Precária	Baixa	Média Garantia
Bias Fortes	Média	Alta	Alta	Precária	Boa	Boa Garantia
Bicas	Alta	Média	Baixa	Média	Precária	Média Garantia
Biquinhas	Boa	Alta	Alta	Alta	Alta	Alta Garantia
Boa Esperança	Alta	Boa	Boa	Baixa	Precária	Média Garantia
Bocaina de Minas	Baixa	Alta	Baixa	Boa	Precária	Média Garantia
Bocaiúva	Média	Precária	Média	Precária	Boa	Baixa Garantia
Bom Despacho	Alta	Média	Baixa	Baixa	Baixa	Média Garantia
Bom Jardim de Minas	Boa	Baixa	Média	Alta	Média	Média Garantia
Bom Jesus da Penha	Boa	Boa	Alta	Alta	Baixa	Boa Garantia
Bom Jesus do Amparo	Baixa	Alta	Boa	Boa	Baixa	Média Garantia
Bom Jesus do Galho	Baixa	Boa	Boa	Alta	Média	Boa Garantia
Bom Repouso	Média	Média	Boa	Média	Alta	Boa Garantia
Bom Sucesso	Boa	Média	Boa	Baixa	Precária	Média Garantia
Bonfim	Baixa	Boa	Média	Média	Boa	Média Garantia
Bonfinópolis de Minas	Média	Boa	Alta	Média	Baixa	Média Garantia
Bonito de Minas	Precária	Alta	Precária	Baixa	Boa	Média Garantia
Borda da Mata	Alta	Média	Boa	Alta	Média	Boa Garantia
Botelhos	Alta	Alta	Alta	Boa	Baixa	Boa Garantia
Botumirim	Precária	Boa	Média	Precária	Média	Baixa Garantia
Brás Pires	Média	Média	Alta	Precária	Alta	Média Garantia
Brasilândia de Minas	Baixa	Precária	Boa	Baixa	Baixa	Baixa Garantia
Brasília de Minas	Baixa	Baixa	Baixa	Média	Boa	Média Garantia
Brasópolis	Média	Boa	Média	Alta	Baixa	Média Garantia
Braúnas	Baixa	Alta	Boa	Boa	Boa	Boa Garantia
Brumadinho	Boa	Boa	Baixa	Baixa	Boa	Média Garantia
Bueno Brandão	Boa	Média	Baixa	Alta	Média	Média Garantia
Buenópolis	Precária	Precária	Boa	Baixa	Baixa	Baixa Garantia
Bugre	Baixa	Precária	Baixa	Alta	Alta	Média Garantia
Buritis	Baixa	Precária	Baixa	Precária	Baixa	Baixa Garantia
Buritizeiro	Precária	Média	Precária	Precária	Baixa	Baixa Garantia
Cabeceira Grande	Baixa	Baixa	Alta	Alta	Boa	Boa Garantia
Cabo Verde	Boa	Boa	Alta	Média	Baixa	Boa Garantia
Cachoeira da Prata	Alta	Média	Alta	Alta	Baixa	Boa Garantia
Cachoeira de Minas	Alta	Média	Alta	Alta	Média	Boa Garantia
Cachoeira de Pajeú	Precária	Boa	Precária	Baixa	Média	Baixa Garantia
Cachoeira Dourada	Boa	Boa	Boa	Boa	Precária	Média Garantia
Caetanópolis	Boa	Média	Média	Baixa	Média	Média Garantia
Caeté	Alta	Alta	Média	Baixa	Baixa	Média Garantia
Caiana	Média	Baixa	Média	Alta	Média	Média Garantia
Cajuri	Baixa	Baixa	Precária	Baixa	Baixa	Baixa Garantia
Caldas	Alta	Alta	Alta	Precária	Alta	Boa Garantia
Camacho	Baixa	Alta	Alta	Alta	Baixa	Boa Garantia
Camanducaia	Boa	Média	Média	Média	Média	Média Garantia
Cambuí	Alta	Alta	Boa	Média	Baixa	Boa Garantia

Município	Dimensão Socioeconômica	Dimensão Violência	Criança e Adolescente	Dimensão Mulher	Dimensão Negro	Média Geral
Cambuquira	Média	Média	Baixa	Baixa	Precária	Baixa Garantia
Campanário	Baixa	Precária	Precária	Baixa	Média	Baixa Garantia
Campanha	Alta	Boa	Média	Média	Precária	Média Garantia
Campestre	Boa	Boa	Alta	Alta	Precária	Boa Garantia
Campina Verde	Alta	Média	Boa	Boa	Baixa	Boa Garantia
Campo Azul	Precária	Alta	Boa	Alta	Boa	Boa Garantia
Campo Belo	Alta	Baixa	Média	Boa	Baixa	Média Garantia
Campo do Meio	Alta	Baixa	Alta	Média	Precária	Média Garantia
Campo Florido	Alta	Média	Precária	Precária	Média	Média Garantia
Campos Altos	Alta	Precária	Precária	Baixa	Precária	Baixa Garantia
Campos Gerais	Boa	Baixa	Boa	Média	Boa	Média Garantia
Cana Verde	Média	Média	Baixa	Média	Baixa	Média Garantia
Canaã	Baixa	Alta	Média	Boa	Precária	Média Garantia
Canápolis	Alta	Baixa	Média	Boa	Precária	Média Garantia
Candeias	Média	Boa	Boa	Boa	Boa	Boa Garantia
Cantagalo	Precária	Média	Precária	Precária	Média	Baixa Garantia
Caparaó	Média	Média	Boa	Baixa	Boa	Média Garantia
Capela Nova	Baixa	Alta	Baixa	Precária	Baixa	Baixa Garantia
Capelinha	Baixa	Baixa	Precária	Baixa	Boa	Baixa Garantia
Capetinga	Boa	Média	Média	Média	Média	Média Garantia
Capim Branco	Média	Boa	Alta	Alta	Média	Boa Garantia
Capinópolis	Média	Média	Precária	Média	Baixa	Baixa Garantia
Capitão Andrade	Baixa	Baixa	Baixa	Alta	Alta	Média Garantia
Capitão Enéas	Baixa	Precária	Baixa	Média	Baixa	Baixa Garantia
Capitólio	Alta	Alta	Alta	Precária	Precária	Média Garantia
Caputira	Baixa	Alta	Baixa	Alta	Alta	Boa Garantia
Carai	Precária	Alta	Precária	Média	Boa	Média Garantia
Caranaiba	Baixa	Alta	Precária	Precária	Média	Baixa Garantia
Carandaí	Boa	Boa	Alta	Boa	Precária	Boa Garantia
Carangola	Boa	Baixa	Baixa	Média	Precária	Baixa Garantia
Caratinga	Boa	Baixa	Boa	Boa	Baixa	Média Garantia
Carbonita	Baixa	Baixa	Baixa	Precária	Boa	Baixa Garantia
Careaçu	Alta	Precária	Precária	Boa	Precária	Baixa Garantia
Carlos Chagas	Precária	Baixa	Baixa	Média	Média	Baixa Garantia
Carmésia	Baixa	Baixa	Precária	Média	Precária	Baixa Garantia
Carmo da Cachoeira	Média	Precária	Baixa	Baixa	Precária	Baixa Garantia
Carmo da Mata	Alta	Média	Média	Baixa	Baixa	Média Garantia
Carmo de Minas	Média	Boa	Baixa	Média	Média	Média Garantia
Carmo do Cajuru	Alta	Baixa	Média	Baixa	Alta	Média Garantia
Carmo do Paranaiba	Alta	Precária	Alta	Boa	Alta	Boa Garantia
Carmo do Rio Claro	Alta	Média	Alta	Boa	Média	Boa Garantia
Carmópolis de Minas	Boa	Boa	Média	Baixa	Precária	Média Garantia
Carneirinho	Boa	Média	Alta	Baixa	Média	Média Garantia
Carrancas	Boa	Boa	Alta	Média	Baixa	Boa Garantia
Carvalhópolis	Boa	Alta	Alta	Alta	Alta	Alta Garantia
Carvalhos	Média	Boa	Baixa	Média	Baixa	Média Garantia
Casa Grande	Boa	Alta	Boa	Alta	Baixa	Boa Garantia
Cascalho Rico	Alta	Precária	Alta	Alta	Baixa	Boa Garantia
Cássia	Alta	Média	Média	Média	Precária	Média Garantia
Cataguases	Alta	Boa	Média	Baixa	Precária	Média Garantia
Catas Altas	Média	Boa	Precária	Alta	Alta	Boa Garantia
Catas Altas da Noruega	Baixa	Boa	Boa	Baixa	Boa	Média Garantia
Catuji	Precária	Precária	Precária	Média	Boa	Baixa Garantia
Catuti	Precária	Alta	Alta	Boa	Alta	Boa Garantia
Caxambu	Alta	Precária	Média	Boa	Precária	Média Garantia
Cedro do Abaeté	Boa	Precária	Média	Alta	Alta	Boa Garantia
Central de Minas	Média	Baixa	Média	Alta	Precária	Média Garantia
Centralina	Média	Baixa	Média	Alta	Precária	Média Garantia

ANEXO II
INDICADORES DE DIREITOS HUMANOS EM MINAS

Município	Dimensão Socioeconômica	Dimensão Violência	Criança e Adolescente	Dimensão Mulher	Dimensão Negro	Média Geral
Chácara	Boa	Baixa	Precária	Alta	Alta	Média Garantia
Chalé	Média	Média	Alta	Boa	Boa	Boa Garantia
Chapada do Norte	Precária	Boa	Precária	Baixa	Média	Baixa Garantia
Chapada Gaúcha	Precária	Alta	Precária	Precária	Média	Baixa Garantia
Chiador	Boa	Alta	Boa	Alta	Baixa	Boa Garantia
Cipotânea	Precária	Média	Boa	Boa	Boa	Média Garantia
Claraval	Boa	Boa	Alta	Alta	Média	Boa Garantia
Claro dos Poções	Precária	Média	Alta	Boa	Alta	Boa Garantia
Cláudio	Alta	Precária	Boa	Baixa	Média	Média Garantia
Coimbra	Alta	Baixa	Baixa	Média	Precária	Média Garantia
Coluna	Precária	Média	Precária	Alta	Alta	Média Garantia
Comendador Gomes	Alta	Boa	Alta	Média	Baixa	Boa Garantia
Comercinho	Precária	Boa	Precária	Alta	Alta	Média Garantia
Conceição da Aparecida	Alta	Boa	Alta	Alta	Boa	Alta Garantia
Conceição da Barra de Minas	Baixa	Alta	Alta	Alta	Média	Boa Garantia
Conceição das Alagoas	Boa	Precária	Precária	Baixa	Média	Baixa Garantia
Conceição das Pedras	Média	Boa	Alta	Boa	Precária	Média Garantia
Conceição de Ipanema	Média	Média	Baixa	Baixa	Média	Média Garantia
Conceição do Mato Dentro	Precária	Precária	Precária	Média	Boa	Baixa Garantia
Conceição do Pará	Média	Média	Média	Média	Alta	Média Garantia
Conceição do Rio Verde	Média	Baixa	Boa	Média	Precária	Média Garantia
Conceição dos Ouros	Alta	Alta	Alta	Boa	Alta	Alta Garantia
Cônego Marinho	Precária	Baixa	Média	Baixa	Alta	Média Garantia
Confins	Boa	Alta	Média	Precária	Alta	Boa Garantia
Congonhal	Boa	Boa	Boa	Baixa	Alta	Boa Garantia
Congonhas	Alta	Baixa	Média	Alta	Baixa	Média Garantia
Congonhas do Norte	Baixa	Baixa	Baixa	Média	Boa	Média Garantia
Conquista	Boa	Média	Baixa	Boa	Alta	Boa Garantia
Conselheiro Lafaiete	Alta	Boa	Média	Alta	Precária	Boa Garantia
Conselheiro Pena	Média	Precária	Média	Precária	Média	Baixa Garantia
Consolação	Baixa	Alta	Alta	Precária	Precária	Média Garantia
Contagem	Boa	Baixa	Média	Precária	Baixa	Baixa Garantia
Coqueiral	Alta	Alta	Boa	Baixa	Média	Boa Garantia
Coração de Jesus	Precária	Baixa	Alta	Média	Boa	Média Garantia
Cordisburgo	Baixa	Precária	Alta	Baixa	Média	Média Garantia
Cordislândia	Média	Boa	Alta	Baixa	Boa	Boa Garantia
Corinto	Baixa	Baixa	Boa	Boa	Média	Média Garantia
Coroaci	Baixa	Alta	Média	Alta	Alta	Boa Garantia
Coromandel	Alta	Baixa	Baixa	Precária	Precária	Baixa Garantia
Coronel Fabriciano	Boa	Baixa	Baixa	Boa	Precária	Média Garantia
Coronel Murta	Baixa	Baixa	Boa	Alta	Boa	Média Garantia
Coronel Pacheco	Média	Alta	Precária	Precária	Precária	Baixa Garantia
Coronel Xavier Chaves	Boa	Alta	Precária	Boa	Precária	Média Garantia
Córrego Danta	Boa	Precária	Boa	Boa	Média	Média Garantia
Córrego do Bom Jesus	Média	Baixa	Alta	Precária	Baixa	Média Garantia
Córrego Fundo	Boa	Alta	Alta	Média	Boa	Boa Garantia
Córrego Novo	Baixa	Precária	Média	Boa	Média	Média Garantia
Couto de Magalhães de Minas	Baixa	Média	Baixa	Alta	Alta	Média Garantia
Crisólita	Precária	Baixa	Baixa	Média	Boa	Baixa Garantia
Cristais	Alta	Precária	Boa	Média	Precária	Média Garantia
Cristália	Precária	Precária	Boa	Precária	Boa	Baixa Garantia
Cristiano Otoni	Boa	Média	Boa	Boa	Alta	Boa Garantia
Cristina	Baixa	Boa	Boa	Baixa	Baixa	Média Garantia
Crucilândia	Média	Baixa	Baixa	Média	Baixa	Baixa Garantia
Cruzeiro da Fortaleza	Alta	Precária	Boa	Alta	Média	Boa Garantia
Cruzília	Boa	Média	Baixa	Alta	Baixa	Média Garantia
Cuparaque	Média	Boa	Média	Alta	Média	Boa Garantia
Curral de Dentro	Precária	Baixa	Precária	Baixa	Boa	Baixa Garantia

Município	Dimensão Socioeconômica	Dimensão Violência	Criança e Adolescente	Dimensão Mulher	Dimensão Negro	Média Geral
Curvelo	Boa	Precária	Média	Baixa	Baixa	Baixa Garantia
Datas	Baixa	Boa	Precária	Baixa	Boa	Média Garantia
Delfim Moreira	Média	Alta	Alta	Boa	Baixa	Boa Garantia
Delfinópolis	Boa	Média	Baixa	Boa	Baixa	Média Garantia
Delta	Boa	Precária	Precária	Baixa	Boa	Baixa Garantia
Descoberto	Boa	Boa	Média	Precária	Baixa	Média Garantia
Desterro de Entre Rios	Média	Alta	Boa	Alta	Alta	Boa Garantia
Desterro do Melo	Baixa	Boa	Baixa	Boa	Média	Média Garantia
Diamantina	Média	Precária	Baixa	Boa	Média	Média Garantia
Diogo de Vasconcelos	Precária	Boa	Média	Baixa	Baixa	Baixa Garantia
Dionísio	Baixa	Boa	Média	Baixa	Precária	Baixa Garantia
Divinésia	Baixa	Média	Boa	Alta	Média	Média Garantia
Divino	Baixa	Precária	Média	Boa	Boa	Média Garantia
Divino das Laranjeiras	Baixa	Baixa	Alta	Boa	Alta	Boa Garantia
Divinolândia de Minas	Baixa	Boa	Precária	Média	Alta	Média Garantia
Divinópolis	Alta	Baixa	Boa	Baixa	Baixa	Média Garantia
Divisa Alegre	Baixa	Precária	Precária	Baixa	Baixa	Baixa Garantia
Divisa Nova	Boa	Média	Alta	Baixa	Média	Média Garantia
Divisópolis	Precária	Boa	Precária	Alta	Média	Média Garantia
Dom Bosco	Média	Alta	Alta	Boa	Alta	Boa Garantia
Dom Cavati	Boa	Média	Boa	Média	Média	Média Garantia
Dom Joaquim	Precária	Média	Precária	Média	Baixa	Baixa Garantia
Dom Silvério	Boa	Boa	Boa	Média	Baixa	Média Garantia
Dom Viçoso	Média	Alta	Alta	Boa	Boa	Boa Garantia
Dona Euzébia	Média	Alta	Boa	Precária	Precária	Média Garantia
Dores de Campos	Alta	Alta	Alta	Média	Média	Boa Garantia
Dores de Guanhães	Baixa	Alta	Média	Boa	Boa	Boa Garantia
Dores do Indaiá	Boa	Precária	Média	Média	Baixa	Média Garantia
Dores do Turvo	Média	Boa	Alta	Precária	Baixa	Média Garantia
Doresópolis	Alta	Média	Média	Alta	Boa	Boa Garantia
Douradoquara	Alta	Baixa	Alta	Boa	Alta	Boa Garantia
Durandé	Precária	Alta	Alta	Boa	Boa	Boa Garantia
Elói Mendes	Boa	Baixa	Média	Boa	Precária	Média Garantia
Engenheiro Caldas	Baixa	Baixa	Baixa	Alta	Baixa	Média Garantia
Engenheiro Navarro	Precária	Precária	Média	Precária	Média	Baixa Garantia
Entre Folhas	Média	Boa	Baixa	Média	Alta	Média Garantia
Entre Rios de Minas	Boa	Alta	Baixa	Baixa	Baixa	Média Garantia
Ervália	Baixa	Média	Boa	Alta	Baixa	Média Garantia
Esmeraldas	Média	Boa	Baixa	Precária	Boa	Média Garantia
Espera Feliz	Média	Média	Média	Média	Média	Média Garantia
Espinosa	Baixa	Baixa	Baixa	Média	Boa	Média Garantia
Espírito Santo do Dourado	Média	Alta	Alta	Alta	Alta	Alta Garantia
Estiva	Boa	Alta	Boa	Boa	Alta	Boa Garantia
Estrela Dalva	Boa	Alta	Precária	Alta	Precária	Média Garantia
Estrela do Indaiá	Boa	Precária	Alta	Alta	Alta	Boa Garantia
Estrela do Sul	Boa	Precária	Média	Média	Média	Média Garantia
Eugenópolis	Média	Média	Média	Boa	Precária	Média Garantia
Ewbank da Câmara	Média	Boa	Precária	Alta	Baixa	Média Garantia
Extrema	Boa	Baixa	Baixa	Boa	Média	Média Garantia
Fama	Alta	Boa	Alta	Boa	Boa	Boa Garantia
Faria Lemos	Média	Boa	Boa	Baixa	Média	Média Garantia
Felício dos Santos	Precária	Precária	Precária	Alta	Boa	Baixa Garantia
Felisburgo	Baixa	Baixa	Precária	Alta	Alta	Média Garantia
Felixlândia	Média	Precária	Baixa	Precária	Média	Baixa Garantia
Fernandes Tourinho	Baixa	Baixa	Boa	Alta	Alta	Boa Garantia
Ferros	Precária	Baixa	Precária	Baixa	Baixa	Baixa Garantia
Fervedouro	Média	Média	Precária	Alta	Alta	Média Garantia
Florestal	Alta	Boa	Precária	Média	Boa	Média Garantia

…

ANEXO II
INDICADORES DE DIREITOS HUMANOS EM MINAS

Município	Dimensão Socioeconômica	Dimensão Violência	Criança e Adolescente	Dimensão Mulher	Dimensão Negro	Média Geral
Formiga	Alta	Precária	Alta	Boa	Precária	Média Garantia
Formoso	Precária	Baixa	Boa	Boa	Boa	Média Garantia
Fortaleza de Minas	Alta	Média	Média	Alta	Alta	Boa Garantia
Fortuna de Minas	Média	Alta	Boa	Média	Média	Boa Garantia
Francisco Badaró	Precária	Alta	Média	Média	Média	Média Garantia
Francisco Dumont	Precária	Baixa	Média	Precária	Baixa	Baixa Garantia
Francisco Sá	Precária	Média	Boa	Precária	Média	Baixa Garantia
Franciscópolis	Precária	Boa	Baixa	Alta	Alta	Média Garantia
Frei Gaspar	Precária	Precária	Precária	Boa	Alta	Baixa Garantia
Frei Inocêncio	Baixa	Precária	Baixa	Boa	Boa	Média Garantia
Frei Lagonegro	Precária	Alta	Baixa	Baixa	Baixa	Baixa Garantia
Fronteira	Alta	Precária	Baixa	Precária	Boa	Média Garantia
Fronteira dos Vales	Precária	Média	Baixa	Média	Alta	Média Garantia
Fruta de Leite	Precária	Precária	Precária	Precária	Alta	Baixa Garantia
Frutal	Alta	Baixa	Média	Boa	Precária	Média Garantia
Funilândia	Baixa	Baixa	Média	Baixa	Boa	Média Garantia
Galiléia	Baixa	Precária	Boa	Baixa	Boa	Média Garantia
Gameleiras	Precária	Alta	Alta	Alta	Boa	Boa Garantia
Glaucilândia	Baixa	Média	Alta	Baixa	Alta	Média Garantia
Goiabeira	Média	Média	Boa	Alta	Alta	Boa Garantia
Goianá	Boa	Média	Alta	Precária	Média	Média Garantia
Gonçalves	Média	Alta	Boa	Alta	Precária	Boa Garantia
Gonzaga	Precária	Boa	Média	Precária	Média	Baixa Garantia
Gouvêa	Média	Alta	Média	Alta	Alta	Boa Garantia
Governador Valadares	Média	Precária	Baixa	Baixa	Precária	Baixa Garantia
Grão Mogol	Precária	Precária	Precária	Precária	Alta	Baixa Garantia
Grupiara	Boa	Baixa	Alta	Alta	Precária	Média Garantia
Guanhães	Média	Precária	Precária	Baixa	Baixa	Baixa Garantia
Guapé	Boa	Boa	Alta	Boa	Precária	Boa Garantia
Guaraciaba	Precária	Alta	Baixa	Média	Baixa	Média Garantia
Guaraciama	Precária	Boa	Boa	Baixa	Alta	Média Garantia
Guaranésia	Alta	Baixa	Média	Boa	Alta	Boa Garantia
Guarani	Boa	Baixa	Baixa	Alta	Baixa	Média Garantia
Guarará	Boa	Média	Precária	Boa	Precária	Média Garantia
Guarda-Mor	Boa	Boa	Boa	Baixa	Baixa	Média Garantia
Guaxupé	Alta	Precária	Boa	Média	Baixa	Média Garantia
Guidoval	Média	Baixa	Baixa	Baixa	Precária	Baixa Garantia
Guimarânia	Alta	Baixa	Boa	Baixa	Precária	Média Garantia
Guiricema	Média	Média	Alta	Alta	Precária	Média Garantia
Gurinhatã	Boa	Boa	Média	Boa	Baixa	Média Garantia
Heliodora	Boa	Precária	Boa	Boa	Média	Média Garantia
Iapu	Baixa	Alta	Baixa	Boa	Alta	Boa Garantia
Ibertioga	Média	Alta	Boa	Baixa	Precária	Média Garantia
Ibiá	Alta	Precária	Alta	Boa	Boa	Boa Garantia
Ibiaí	Baixa	Precária	Precária	Média	Baixa	Baixa Garantia
Ibiracatu	Precária	Baixa	Baixa	Baixa	Alta	Baixa Garantia
Ibiraci	Média	Baixa	Boa	Precária	Precária	Baixa Garantia
Ibirité	Média	Baixa	Média	Precária	Boa	Média Garantia
Ibitiúra de Minas	Alta	Média	Alta	Média	Alta	Boa Garantia
Ibituruna	Média	Alta	Boa	Precária	Boa	Média Garantia
Icaraí de Minas	Precária	Boa	Baixa	Precária	Alta	Média Garantia
Igarapé	Média	Média	Precária	Baixa	Boa	Média Garantia
Igaratinga	Boa	Alta	Boa	Baixa	Boa	Boa Garantia
Iguatama	Alta	Média	Média	Boa	Baixa	Média Garantia
Ijaci	Boa	Baixa	Boa	Média	Baixa	Média Garantia
Ilicínea	Alta	Média	Alta	Alta	Boa	Boa Garantia
Imbé de Minas	Baixa	Alta	Precária	Boa	Alta	Média Garantia
Inconfidentes	Boa	Alta	Boa	Alta	Alta	Alta Garantia

Município	Dimensão Socioeconômica	Dimensão Violência	Criança e Adolescente	Dimensão Mulher	Dimensão Negro	Média Geral
Indaiabira	Precária	Alta	Baixa	Média	Boa	Média Garantia
Indianópolis	Média	Média	Baixa	Boa	Baixa	Média Garantia
Ingaí	Boa	Boa	Boa	Média	Precária	Média Garantia
Inhapim	Baixa	Precária	Baixa	Alta	Média	Média Garantia
Inhaúma	Média	Média	Média	Baixa	Boa	Média Garantia
Inimutaba	Baixa	Boa	Média	Alta	Boa	Boa Garantia
Ipaba	Baixa	Baixa	Precária	Baixa	Alta	Baixa Garantia
Ipanema	Média	Precária	Média	Precária	Precária	Baixa Garantia
Ipatinga	Alta	Precária	Média	Precária	Precária	Baixa Garantia
Ipiaçu	Boa	Precária	Baixa	Boa	Média	Média Garantia
Ipuiúna	Boa	Boa	Média	Boa	Baixa	Média Garantia
Iraí de Minas	Boa	Baixa	Alta	Alta	Precária	Média Garantia
Itabira	Alta	Precária	Baixa	Precária	Baixa	Baixa Garantia
Itabirinha de Mantena	Baixa	Precária	Média	Baixa	Baixa	Baixa Garantia
Itabirito	Alta	Alta	Precária	Boa	Boa	Boa Garantia
Itacambira	Baixa	Boa	Boa	Precária	Alta	Média Garantia
Itacarambi	Precária	Baixa	Precária	Baixa	Boa	Baixa Garantia
Itaguara	Boa	Média	Boa	Boa	Média	Boa Garantia
Itaipé	Precária	Precária	Precária	Precária	Alta	Baixa Garantia
Itajubá	Alta	Boa	Média	Precária	Precária	Média Garantia
Itamarandiba	Precária	Média	Baixa	Precária	Boa	Baixa Garantia
Itamarati de Minas	Boa	Média	Média	Média	Média	Média Garantia
Itambacuri	Precária	Precária	Precária	Precária	Boa	Baixa Garantia
Itambé do Mato Dentro	Baixa	Alta	Boa	Boa	Alta	Boa Garantia
Itamogi	Alta	Média	Boa	Alta	Boa	Boa Garantia
Itamonte	Alta	Boa	Alta	Boa	Média	Boa Garantia
Itanhandu	Alta	Média	Média	Alta	Precária	Média Garantia
Itanhomi	Média	Precária	Média	Boa	Boa	Média Garantia
Itaobim	Precária	Precária	Precária	Precária	Boa	Baixa Garantia
Itapagipe	Alta	Média	Alta	Alta	Precária	Boa Garantia
Itapecerica	Alta	Boa	Alta	Alta	Boa	Alta Garantia
Itapeva	Média	Boa	Média	Alta	Boa	Boa Garantia
Itatiaiuçu	Média	Média	Baixa	Baixa	Alta	Média Garantia
Itaú de Minas	Alta	Boa	Boa	Boa	Baixa	Boa Garantia
Itaúna	Alta	Baixa	Boa	Baixa	Baixa	Média Garantia
Itaverava	Baixa	Boa	Precária	Boa	Média	Média Garantia
Itinga	Precária	Média	Baixa	Precária	Alta	Baixa Garantia
Itueta	Média	Alta	Alta	Média	Boa	Boa Garantia
Ituiutaba	Alta	Precária	Baixa	Alta	Baixa	Média Garantia
Itumirim	Boa	Baixa	Boa	Precária	Precária	Baixa Garantia
Iturama	Alta	Precária	Boa	Baixa	Precária	Média Garantia
Itutinga	Média	Boa	Precária	Precária	Baixa	Baixa Garantia
Jaboticatubas	Baixa	Boa	Precária	Baixa	Boa	Média Garantia
Jacinto	Precária	Média	Precária	Precária	Boa	Baixa Garantia
Jacuí	Boa	Boa	Alta	Alta	Alta	Alta Garantia
Jacutinga	Alta	Média	Boa	Média	Precária	Média Garantia
Jaguaraçu	Média	Média	Alta	Alta	Boa	Boa Garantia
Jaíba	Precária	Precária	Precária	Precária	Média	Precária Garantia
Jampruca	Precária	Precária	Baixa	Baixa	Alta	Baixa Garantia
Janaúba	Baixa	Precária	Boa	Precária	Precária	Baixa Garantia
Januária	Baixa	Precária	Precária	Precária	Baixa	Precária Garantia
Japaraíba	Alta	Alta	Alta	Boa	Precária	Boa Garantia
Japonvar	Precária	Baixa	Média	Média	Boa	Média Garantia
Jeceaba	Média	Boa	Boa	Baixa	Alta	Boa Garantia
Jenipapo de Minas	Precária	Média	Precária	Precária	Alta	Baixa Garantia
Jequeri	Baixa	Alta	Precária	Baixa	Boa	Média Garantia
Jequitaí	Baixa	Precária	Média	Precária	Média	Baixa Garantia
Jequitibá	Precária	Média	Média	Precária	Média	Baixa Garantia

ANEXO II
INDICADORES DE DIREITOS HUMANOS EM MINAS

Município	Dimensão Socioeconômica	Dimensão Violência	Criança e Adolescente	Dimensão Mulher	Dimensão Negro	Média Geral
Jequitinhonha	Precária	Precária	Precária	Precária	Boa	Baixa Garantia
Jesuânia	Média	Boa	Média	Alta	Baixa	Média Garantia
Joaíma	Precária	Precária	Precária	Precária	Boa	Baixa Garantia
Joanésia	Baixa	Alta	Alta	Precária	Boa	Média Garantia
João Monlevade	Alta	Baixa	Média	Precária	Baixa	Média Garantia
João Pinheiro	Boa	Precária	Boa	Precária	Baixa	Baixa Garantia
Joaquim Felício	Precária	Baixa	Precária	Precária	Precária	Precária Garantia
Jordânia	Precária	Boa	Baixa	Alta	Alta	Média Garantia
José Gonçalves de Minas	Precária	Boa	Boa	Baixa	Alta	Média Garantia
José Raydan	Precária	Boa	Baixa	Média	Alta	Média Garantia
Josenópolis	Precária	Média	Baixa	Média	Alta	Média Garantia
Juatuba	Média	Baixa	Média	Média	Boa	Média Garantia
Juiz de Fora	Alta	Baixa	Baixa	Baixa	Precária	Baixa Garantia
Juramento	Precária	Média	Média	Baixa	Alta	Média Garantia
Juruaia	Boa	Média	Boa	Boa	Baixa	Média Garantia
Juvenília	Precária	Baixa	Precária	Baixa	Alta	Baixa Garantia
Ladainha	Precária	Precária	Precária	Precária	Média	Precária Garantia
Lagamar	Alta	Boa	Alta	Média	Boa	Boa Garantia
Lagoa da Prata	Alta	Baixa	Alta	Baixa	Boa	Boa Garantia
Lagoa dos Patos	Precária	Baixa	Baixa	Precária	Alta	Baixa Garantia
Lagoa Dourada	Média	Alta	Média	Média	Precária	Média Garantia
Lagoa Formosa	Alta	Baixa	Alta	Baixa	Boa	Boa Garantia
Lagoa Grande	Média	Precária	Alta	Média	Baixa	Média Garantia
Lagoa Santa	Boa	Precária	Média	Boa	Precária	Média Garantia
Lajinha	Média	Boa	Média	Alta	Baixa	Média Garantia
Lambari	Alta	Média	Alta	Média	Precária	Média Garantia
Lamim	Média	Boa	Alta	Boa	Precária	Média Garantia
Laranjal	Alta	Média	Média	Alta	Média	Boa Garantia
Lassance	Baixa	Boa	Média	Precária	Baixa	Baixa Garantia
Lavras	Alta	Média	Média	Precária	Precária	Média Garantia
Leandro Ferreira	Boa	Média	Alta	Média	Precária	Média Garantia
Leme do Prado	Precária	Alta	Baixa	Boa	Alta	Média Garantia
Leopoldina	Boa	Média	Precária	Baixa	Precária	Baixa Garantia
Liberdade	Boa	Média	Precária	Boa	Alta	Média Garantia
Lima Duarte	Boa	Baixa	Média	Média	Média	Média Garantia
Limeira do Oeste	Média	Baixa	Alta	Precária	Média	Média Garantia
Lontra	Precária	Média	Média	Precária	Alta	Média Garantia
Luisburgo	Baixa	Média	Baixa	Boa	Boa	Média Garantia
Luislândia	Precária	Baixa	Baixa	Baixa	Alta	Baixa Garantia
Luminárias	Alta	Média	Baixa	Média	Boa	Média Garantia
Luz	Alta	Baixa	Boa	Boa	Precária	Média Garantia
Machacalis	Precária	Precária	Precária	Precária	Média	Precária Garantia
Machado	Boa	Precária	Boa	Boa	Baixa	Média Garantia
Madre de Deus de Minas	Boa	Alta	Boa	Baixa	Boa	Boa Garantia
Malacheta	Precária	Precária	Precária	Média	Boa	Baixa Garantia
Mamonas	Baixa	Alta	Alta	Média	Alta	Boa Garantia
Manga	Precária	Baixa	Precária	Baixa	Baixa	Baixa Garantia
Manhuaçu	Boa	Precária	Baixa	Média	Precária	Baixa Garantia
Manhumirim	Média	Precária	Baixa	Média	Média	Baixa Garantia
Mantena	Baixa	Precária	Boa	Alta	Baixa	Média Garantia
Mar de Espanha	Boa	Baixa	Precária	Média	Precária	Baixa Garantia
Maravilhas	Boa	Boa	Boa	Alta	Boa	Boa Garantia
Maria da Fé	Média	Alta	Alta	Média	Baixa	Boa Garantia
Mariana	Boa	Alta	Precária	Precária	Baixa	Média Garantia
Marilac	Precária	Baixa	Média	Baixa	Precária	Baixa Garantia
Mário Campos	Média	Baixa	Média	Média	Média	Média Garantia
Maripá de Minas	Alta	Boa	Precária	Baixa	Baixa	Média Garantia
Marliéria	Boa	Boa	Baixa	Baixa	Baixa	Média Garantia

Município	Dimensão Socioeconômica	Dimensão Violência	Criança e Adolescente	Dimensão Mulher	Dimensão Negro	Média Geral
Marmelópolis	Baixa	Alta	Alta	Baixa	Alta	Boa Garantia
Martinho Campos	Média	Precária	Baixa	Precária	Média	Baixa Garantia
Martins Soares	Média	Alta	Boa	Baixa	Média	Média Garantia
Mata Verde	Precária	Boa	Baixa	Média	Média	Média Garantia
Materlândia	Precária	Baixa	Precária	Boa	Boa	Baixa Garantia
Mateus Leme	Boa	Boa	Precária	Precária	Baixa	Baixa Garantia
Mathias Lobato	Baixa	Precária	Precária	Alta	Boa	Média Garantia
Matias Barbosa	Alta	Média	Precária	Média	Média	Média Garantia
Matias Cardoso	Precária	Média	Baixa	Baixa	Boa	Baixa Garantia
Matipó	Baixa	Baixa	Baixa	Precária	Precária	Baixa Garantia
Mato Verde	Precária	Precária	Alta	Média	Média	Média Garantia
Matozinhos	Boa	Precária	Média	Baixa	Alta	Média Garantia
Matutina	Alta	Média	Alta	Alta	Alta	Alta Garantia
Medeiros	Alta	Alta	Alta	Média	Baixa	Boa Garantia
Medina	Precária	Precária	Precária	Precária	Alta	Baixa Garantia
Mendes Pimentel	Baixa	Boa	Média	Alta	Boa	Boa Garantia
Mercês	Média	Boa	Baixa	Média	Precária	Média Garantia
Mesquita	Média	Boa	Média	Baixa	Média	Média Garantia
Minas Novas	Precária	Alta	Precária	Precária	Média	Baixa Garantia
Minduri	Boa	Boa	Baixa	Média	Precária	Média Garantia
Mirabela	Precária	Baixa	Alta	Baixa	Média	Média Garantia
Miradouro	Média	Boa	Boa	Alta	Alta	Boa Garantia
Mirai	Média	Boa	Média	Média	Precária	Média Garantia
Miravânia	Precária	Precária	Baixa	Alta	Média	Baixa Garantia
Moeda	Baixa	Alta	Média	Alta	Alta	Boa Garantia
Moema	Alta	Boa	Alta	Baixa	Baixa	Boa Garantia
Monjolos	Precária	Média	Baixa	Média	Média	Baixa Garantia
Monsenhor Paulo	Alta	Boa	Alta	Alta	Precária	Boa Garantia
Montalvânia	Precária	Boa	Precária	Baixa	Boa	Baixa Garantia
Monte Alegre de Minas	Boa	Baixa	Média	Boa	Precária	Média Garantia
Monte Azul	Baixa	Média	Alta	Alta	Boa	Boa Garantia
Monte Belo	Média	Alta	Alta	Média	Média	Boa Garantia
Monte Carmelo	Alta	Precária	Média	Média	Média	Média Garantia
Monte Formoso	Precária	Baixa	Média	Precária	Alta	Baixa Garantia
Monte Santo de Minas	Boa	Alta	Alta	Alta	Boa	Alta Garantia
Monte Sião	Alta	Média	Alta	Baixa	Baixa	Média Garantia
Montes Claros	Boa	Precária	Boa	Baixa	Baixa	Média Garantia
Montezuma	Precária	Média	Média	Baixa	Boa	Média Garantia
Morada Nova de Minas	Boa	Precária	Alta	Precária	Baixa	Média Garantia
Morro da Garça	Precária	Alta	Média	Boa	Baixa	Média Garantia
Morro do Pilar	Baixa	Média	Precária	Boa	Média	Média Garantia
Munhoz	Média	Alta	Alta	Boa	Alta	Boa Garantia
Muriaé	Boa	Baixa	Boa	Boa	Precária	Média Garantia
Mutum	Média	Baixa	Alta	Alta	Média	Boa Garantia
Muzambinho	Alta	Média	Alta	Alta	Média	Boa Garantia
Nacip Raydan	Baixa	Baixa	Baixa	Alta	Alta	Média Garantia
Nanuque	Baixa	Precária	Precária	Baixa	Média	Baixa Garantia
Naque	Baixa	Precária	Boa	Média	Alta	Média Garantia
Natalândia	Baixa	Baixa	Média	Média	Média	Média Garantia
Natércia	Alta	Alta	Alta	Alta	Baixa	Boa Garantia
Nazareno	Média	Boa	Alta	Baixa	Baixa	Média Garantia
Nepomuceno	Média	Média	Boa	Média	Média	Média Garantia
Ninheira	Baixa	Boa	Baixa	Alta	Boa	Média Garantia
Nova Belém	Baixa	Baixa	Média	Alta	Boa	Média Garantia
Nova Era	Boa	Boa	Baixa	Boa	Média	Boa Garantia
Nova Lima	Alta	Boa	Baixa	Média	Baixa	Média Garantia
Nova Módica	Precária	Boa	Boa	Precária	Baixa	Baixa Garantia
Nova Ponte	Alta	Baixa	Média	Média	Precária	Média Garantia

ANEXO II
INDICADORES DE DIREITOS HUMANOS EM MINAS

Município	Dimensão Socioeconômica	Dimensão Violência	Criança e Adolescente	Dimensão Mulher	Dimensão Negro	Média Geral
Nova Porteirinha	Precária	Baixa	Boa	Boa	Média	Média Garantia
Nova Resende	Média	Alta	Alta	Alta	Precária	Boa Garantia
Nova Serrana	Alta	Baixa	Média	Baixa	Boa	Média Garantia
Nova União	Baixa	Alta	Média	Média	Média	Média Garantia
Novo Cruzeiro	Precária	Precária	Precária	Precária	Baixa	Precária Garantia
Novo Oriente de Minas	Precária	Precária	Precária	Precária	Média	Precária Garantia
Novorizonte	Baixa	Alta	Baixa	Precária	Alta	Média Garantia
Olaria	Média	Alta	Média	Precária	Baixa	Média Garantia
Olhos-D'Água	Precária	Baixa	Média	Alta	Alta	Média Garantia
Olímpio Noronha	Boa	Média	Média	Precária	Boa	Média Garantia
Oliveira	Alta	Baixa	Média	Boa	Média	Média Garantia
Oliveira Fortes	Baixa	Alta	Alta	Média	Baixa	Média Garantia
Onça de Pitangui	Média	Boa	Boa	Boa	Alta	Boa Garantia
Oratórios	Baixa	Baixa	Precária	Alta	Alta	Média Garantia
Orizânia	Baixa	Média	Baixa	Baixa	Alta	Média Garantia
Ouro Branco	Alta	Baixa	Média	Boa	Precária	Média Garantia
Ouro Fino	Alta	Boa	Alta	Boa	Precária	Boa Garantia
Ouro Preto	Boa	Média	Precária	Precária	Precária	Baixa Garantia
Ouro Verde de Minas	Precária	Média	Precária	Precária	Alta	Baixa Garantia
Padre Carvalho	Precária	Boa	Baixa	Precária	Alta	Média Garantia
Padre Paraíso	Precária	Baixa	Precária	Precária	Alta	Baixa Garantia
Pai Pedro	Precária	Alta	Média	Média	Alta	Média Garantia
Paineiras	Boa	Precária	Boa	Precária	Baixa	Baixa Garantia
Pains	Alta	Baixa	Alta	Baixa	Baixa	Média Garantia
Paiva	Média	Boa	Alta	Boa	Alta	Boa Garantia
Palma	Boa	Precária	Baixa	Boa	Precária	Média Garantia
Palmópolis	Precária	Precária	Baixa	Alta	Alta	Média Garantia
Papagaios	Média	Precária	Baixa	Precária	Baixa	Baixa Garantia
Pará de Minas	Alta	Boa	Baixa	Média	Baixa	Média Garantia
Paracatu	Boa	Precária	Alta	Baixa	Precária	Média Garantia
Paraguaçu	Boa	Média	Alta	Precária	Baixa	Média Garantia
Paraisópolis	Alta	Alta	Boa	Boa	Média	Boa Garantia
Paraopeba	Alta	Precária	Boa	Média	Média	Média Garantia
Passa Quatro	Boa	Boa	Alta	Média	Baixa	Boa Garantia
Passa Tempo	Boa	Alta	Média	Alta	Boa	Boa Garantia
Passa Vinte	Média	Média	Precária	Média	Baixa	Baixa Garantia
Passabém	Baixa	Baixa	Baixa	Alta	Média	Média Garantia
Passos	Alta	Baixa	Boa	Média	Precária	Média Garantia
Patis	Precária	Boa	Média	Baixa	Alta	Média Garantia
Patos de Minas	Alta	Precária	Boa	Boa	Boa	Boa Garantia
Patrocínio	Alta	Precária	Alta	Precária	Precária	Média Garantia
Patrocínio do Muriaé	Média	Média	Baixa	Precária	Baixa	Baixa Garantia
Paula Cândido	Baixa	Precária	Baixa	Boa	Precária	Baixa Garantia
Paulistas	Baixa	Precária	Baixa	Boa	Média	Baixa Garantia
Pavão	Precária	Boa	Precária	Média	Boa	Média Garantia
Peçanha	Precária	Precária	Boa	Média	Boa	Média Garantia
Pedra Azul	Precária	Baixa	Precária	Precária	Média	Baixa Garantia
Pedra Bonita	Baixa	Alta	Precária	Baixa	Alta	Média Garantia
Pedra do Anta	Baixa	Baixa	Precária	Baixa	Média	Baixa Garantia
Pedra do Indaiá	Boa	Baixa	Alta	Boa	Alta	Boa Garantia
Pedra Dourada	Boa	Boa	Média	Média	Boa	Boa Garantia
Pedra Iva	Média	Boa	Boa	Alta	Precária	Média Garantia
Pedras de Maria da Cruz	Precária	Média	Média	Baixa	Alta	Média Garantia
Pedrinópolis	Alta	Precária	Precária	Precária	Baixa	Baixa Garantia
Pedro Leopoldo	Boa	Baixa	Boa	Baixa	Baixa	Baixa Garantia
Pedro Teixeira	Média	Boa	Boa	Boa	Baixa	Média Garantia
Pequeri	Boa	Alta	Precária	Boa	Precária	Média Garantia
Pequi	Média	Alta	Baixa	Boa	Média	Média Garantia

Município	Dimensão Socioeconômica	Dimensão Violência	Criança e Adolescente	Dimensão Mulher	Dimensão Negro	Média Geral
Perdigão	Alta	Boa	Alta	Boa	Baixa	Boa Garantia
Perdizes	Boa	Precária	Média	Alta	Boa	Média Garantia
Perdões	Alta	Baixa	Boa	Alta	Precária	Média Garantia
Periquito	Precária	Baixa	Baixa	Boa	Alta	Média Garantia
Pescador	Baixa	Alta	Precária	Média	Média	Média Garantia
Piau	Boa	Média	Precária	Baixa	Precária	Baixa Garantia
Piedade de Caratinga	Baixa	Boa	Média	Média	Alta	Média Garantia
Piedade de Ponte Nova	Baixa	Média	Média	Baixa	Precária	Baixa Garantia
Piedade do Rio Grande	Média	Alta	Média	Alta	Média	Boa Garantia
Piedade dos Gerais	Baixa	Alta	Precária	Média	Média	Média Garantia
Pimenta	Alta	Boa	Boa	Boa	Média	Boa Garantia
Pingo D'Água	Baixa	Média	Média	Boa	Alta	Média Garantia
Pintópolis	Precária	Alta	Baixa	Boa	Alta	Média Garantia
Piracema	Média	Alta	Precária	Baixa	Média	Média Garantia
Pirajuba	Alta	Precária	Precária	Precária	Baixa	Baixa Garantia
Piranga	Baixa	Média	Baixa	Boa	Precária	Baixa Garantia
Piranguçu	Boa	Boa	Baixa	Boa	Boa	Boa Garantia
Piranguinho	Boa	Alta	Boa	Alta	Precária	Boa Garantia
Pirapetinga	Boa	Média	Baixa	Média	Precária	Média Garantia
Pirapora	Baixa	Baixa	Média	Baixa	Precária	Baixa Garantia
Piraúba	Alta	Precária	Média	Baixa	Boa	Média Garantia
Pitangui	Alta	Boa	Alta	Média	Média	Boa Garantia
Piumhi	Alta	Média	Boa	Baixa	Baixa	Média Garantia
Planura	Alta	Precária	Baixa	Precária	Baixa	Baixa Garantia
Poço Fundo	Alta	Boa	Alta	Alta	Precária	Boa Garantia
Poços de Caldas	Alta	Baixa	Alta	Boa	Baixa	Boa Garantia
Pocrane	Baixa	Boa	Boa	Precária	Alta	Média Garantia
Pompeu	Média	Precária	Boa	Baixa	Precária	Baixa Garantia
Ponte Nova	Boa	Precária	Precária	Média	Precária	Média Garantia
Ponto Chique	Precária	Precária	Baixa	Precária	Alta	Baixa Garantia
Ponto dos Volantes	Precária	Média	Baixa	Alta	Boa	Média Garantia
Porteirinha	Precária	Média	Boa	Baixa	Boa	Média Garantia
Porto Firme	Baixa	Alta	Baixa	Precária	Precária	Baixa Garantia
Poté	Precária	Baixa	Precária	Média	Boa	Baixa Garantia
Pouso Alegre	Alta	Boa	Média	Média	Precária	Média Garantia
Pouso Alto	Boa	Boa	Alta	Média	Média	Boa Garantia
Prados	Média	Média	Boa	Boa	Média	Média Garantia
Prata	Boa	Baixa	Baixa	Precária	Média	Baixa Garantia
Pratápolis	Alta	Baixa	Média	Média	Baixa	Média Garantia
Pratinha	Boa	Alta	Alta	Alta	Precária	Boa Garantia
Presidente Bernardes	Baixa	Boa	Boa	Precária	Baixa	Média Garantia
Presidente Juscelino	Baixa	Boa	Alta	Precária	Média	Média Garantia
Presidente Kubitschek	Baixa	Precária	Média	Precária	Baixa	Baixa Garantia
Presidente Olegário	Boa	Precária	Alta	Boa	Baixa	Média Garantia
Prudente de Morais	Média	Precária	Média	Precária	Alta	Média Garantia
Quartel Geral	Média	Precária	Alta	Média	Baixa	Média Garantia
Queluzita	Boa	Boa	Boa	Boa	Baixa	Boa Garantia
Raposos	Boa	Média	Baixa	Alta	Alta	Boa Garantia
Raul Soares	Baixa	Média	Média	Precária	Média	Baixa Garantia
Recreio	Média	Baixa	Baixa	Média	Precária	Baixa Garantia
Reduto	Baixa	Média	Alta	Boa	Alta	Boa Garantia
Resende Costa	Boa	Boa	Média	Boa	Precária	Média Garantia
Resplendor	Boa	Média	Baixa	Média	Boa	Média Garantia
Ressaquinha	Média	Alta	Média	Média	Média	Média Garantia
Riachinho	Baixa	Média	Alta	Alta	Média	Boa Garantia
Riacho dos Machados	Precária	Alta	Baixa	Precária	Alta	Média Garantia
Ribeirão das Neves	Média	Baixa	Baixa	Precária	Alta	Média Garantia
Ribeirão Vermelho	Alta	Boa	Baixa	Média	Boa	Boa Garantia

ANEXO II
INDICADORES DE DIREITOS HUMANOS EM MINAS

Município	Dimensão Socioeconômica	Dimensão Violência	Criança e Adolescente	Dimensão Mulher	Dimensão Negro	Média Geral
Rio Acima	Média	Precária	Precária	Precária	Precária	Precária Garantia
Rio Casca	Baixa	Baixa	Baixa	Baixa	Baixa	Baixa Garantia
Rio do Prado	Precária	Alta	Precária	Boa	Alta	Média Garantia
Rio Doce	Média	Alta	Média	Boa	Média	Boa Garantia
Rio Espera	Média	Boa	Alta	Média	Precária	Média Garantia
Rio Manso	Média	Baixa	Baixa	Alta	Alta	Média Garantia
Rio Novo	Alta	Precária	Baixa	Média	Precária	Baixa Garantia
Rio Paranaíba	Alta	Baixa	Média	Alta	Baixa	Média Garantia
Rio Pardo de Minas	Precária	Média	Baixa	Média	Boa	Média Garantia
Rio Piracicaba	Boa	Média	Baixa	Baixa	Precária	Baixa Garantia
Rio Pomba	Boa	Baixa	Boa	Boa	Baixa	Média Garantia
Rio Preto	Média	Alta	Precária	Boa	Média	Média Garantia
Rio Vermelho	Precária	Precária	Precária	Boa	Boa	Baixa Garantia
Ritápolis	Média	Boa	Baixa	Baixa	Média	Média Garantia
Rochedo de Minas	Alta	Média	Baixa	Média	Baixa	Média Garantia
Rodeiro	Alta	Média	Precária	Alta	Alta	Boa Garantia
Romaria	Alta	Baixa	Baixa	Baixa	Precária	Baixa Garantia
Rosário da Limeira	Média	Alta	Boa	Alta	Boa	Boa Garantia
Rubelita	Precária	Boa	Média	Precária	Boa	Média Garantia
Rubim	Precária	Média	Precária	Média	Alta	Média Garantia
Sabará	Boa	Média	Baixa	Média	Baixa	Baixa Garantia
Sabinópolis	Precária	Boa	Precária	Média	Precária	Baixa Garantia
Sacramento	Alta	Precária	Baixa	Média	Baixa	Média Garantia
Salinas	Baixa	Baixa	Precária	Precária	Boa	Baixa Garantia
Salto da Divisa	Precária	Média	Precária	Precária	Média	Baixa Garantia
Santa Bárbara	Boa	Precária	Baixa	Média	Média	Média Garantia
Santa Bárbara do Leste	Média	Precária	Precária	Baixa	Boa	Baixa Garantia
Santa Bárbara do Monte Verde	Média	Alta	Baixa	Precária	Baixa	Média Garantia
Santa Bárbara do Tugúrio	Baixa	Alta	Boa	Baixa	Boa	Média Garantia
Santa Cruz de Minas	Boa	Precária	Baixa	Precária	Baixa	Baixa Garantia
Santa Cruz de Salinas	Precária	Alta	Baixa	Baixa	Precária	Baixa Garantia
Santa Cruz do Escalvado	Precária	Alta	Baixa	Baixa	Boa	Média Garantia
Santa Efigênia de Minas	Baixa	Média	Boa	Baixa	Alta	Média Garantia
Santa Fé de Minas	Precária	Precária	Boa	Média	Alta	Média Garantia
Santa Helena de Minas	Precária	Alta	Baixa	Boa	Boa	Média Garantia
Santa Juliana	Alta	Precária	Boa	Baixa	Média	Média Garantia
Santa Luzia	Boa	Baixa	Precária	Precária	Média	Baixa Garantia
Santa Margarida	Baixa	Boa	Média	Média	Boa	Média Garantia
Santa Maria de Itabira	Baixa	Média	Precária	Média	Média	Baixa Garantia
Santa Maria do Salto	Precária	Média	Média	Precária	Média	Baixa Garantia
Santa Mana do Suaçuí	Precária	Média	Precária	Precária	Média	Baixa Garantia
Santa Rita de Caldas	Alta	Baixa	Alta	Alta	Baixa	Boa Garantia
Santa Rita de Ibitipoca	Baixa	Alta	Baixa	Precária	Precária	Baixa Garantia
Santa Rita de Jacutinga	Boa	Alta	Média	Alta	Média	Boa Garantia
Santa Rita de Minas	Precária	Baixa	Precária	Alta	Média	Baixa Garantia
Santa Rita do Itueto	Média	Média	Alta	Média	Boa	Boa Garantia
Santa Rita do Sapucaí	Alta	Baixa	Precária	Baixa	Baixa	Baixa Garantia
Santa Rosa da Serra	Boa	Alta	Alta	Precária	Alta	Boa Garantia
Santa Vitória	Média	Baixa	Alta	Precária	Boa	Média Garantia
Santana da Vargem	Boa	Baixa	Baixa	Média	Precária	Baixa Garantia
Santana de Cataguases	Alta	Boa	Boa	Baixa	Boa	Média Garantia
Santana de Pirapama	Precária	Alta	Média	Boa	Boa	Média Garantia
Santana do Deserto	Média	Boa	Boa	Precária	Baixa	Média Garantia
Santana do Garambéu	Baixa	Alta	Média	Média	Baixa	Média Garantia
Santana do Jacaré	Baixa	Alta	Alta	Alta	Média	Boa Garantia
Santana do Manhuaçu	Baixa	Média	Alta	Média	Média	Média Garantia
Santana do Paraíso	Baixa	Média	Baixa	Boa	Baixa	Média Garantia
Santana do Riacho	Baixa	Boa	Baixa	Boa	Alta	Média Garantia

Município	Dimensão Socioeconômica	Dimensão Violência	Criança e Adolescente	Dimensão Mulher	Dimensão Negro	Média Geral
Santana dos Montes	Baixa	Alta	Boa	Boa	Média	Boa Garantia
Santo Antônio do Amparo	Média	Baixa	Boa	Precária	Alta	Média Garantia
Santo Antônio do Aventureiro	Média	Boa	Alta	Baixa	Precária	Média Garantia
Santo Antônio do Grama	Média	Boa	Média	Média	Boa	Média Garantia
Santo Antônio do Itambé	Precária	Alta	Precária	Precária	Alta	Média Garantia
Santo Antônio do Jacinto	Precária	Média	Precária	Boa	Boa	Média Garantia
Santo Antônio do Monte	Alta	Baixa	Boa	Boa	Média	Boa Garantia
Santo Antônio do Retiro	Precária	Alta	Boa	Baixa	Boa	Média Garantia
Santo Antônio do Rio Abaixo	Precária	Alta	Baixa	Alta	Baixa	Média Garantia
Santo Hipólito	Precária	Boa	Baixa	Baixa	Boa	Média Garantia
Santos Dumont	Boa	Média	Boa	Baixa	Precária	Média Garantia
São Bento Abade	Média	Média	Boa	Média	Precária	Média Garantia
São Brás do Suaçuí	Média	Alta	Precária	Alta	Precária	Média Garantia
São Domingos das Dores	Baixa	Alta	Boa	Boa	Alta	Boa Garantia
São Domingos do Prata	Média	Alta	Precária	Alta	Baixa	Média Garantia
São Félix de Minas	Baixa	Média	Média	Boa	Boa	Média Garantia
São Francisco	Precária	Precária	Baixa	Baixa	Boa	Baixa Garantia
São Francisco de Paula	Média	Alta	Alta	Baixa	Boa	Boa Garantia
São Francisco de Sales	Alta	Baixa	Boa	Alta	Precária	Média Garantia
São Francisco do Glória	Média	Precária	Alta	Alta	Alta	Boa Garantia
São Geraldo	Boa	Baixa	Média	Boa	Baixa	Média Garantia
São Geraldo da Piedade	Precária	Média	Precária	Boa	Boa	Média Garantia
São Geraldo do Baixio	Baixa	Boa	Boa	Boa	Média	Média Garantia
São Gonçalo do Abaeté	Média	Baixa	Boa	Boa	Baixa	Média Garantia
São Gonçalo do Pará	Alta	Alta	Alta	Média	Precária	Boa Garantia
São Gonçalo do Rio Abaixo	Baixa	Boa	Precária	Média	Alta	Média Garantia
São Gonçalo do Rio Preto	Baixa	Precária	Média	Alta	Alta	Média Garantia
São Gonçalo do Sapucaí	Boa	Precária	Média	Alta	Precária	Média Garantia
São Gotardo	Alta	Precária	Alta	Média	Precária	Média Garantia
São João Batista do Glória	Alta	Baixa	Alta	Média	Boa	Boa Garantia
São João da Lagoa	Precária	Média	Boa	Média	Média	Média Garantia
São João da Mata	Boa	Média	Alta	Alta	Alta	Boa Garantia
São João da Ponte	Precária	Baixa	Precária	Alta	Boa	Média Garantia
São João das Missões	Precária	Alta	Precária	Boa	Baixa	Média Garantia
São João del Rei	Alta	Precária	Baixa	Boa	Precária	Média Garantia
São João do Manhuaçu	Baixa	Boa	Boa	Alta	Boa	Boa Garantia
São João do Manteninha	Média	Alta	Alta	Baixa	Alta	Boa Garantia
São João do Oriente	Média	Boa	Boa	Boa	Alta	Boa Garantia
São João do Pacuí	Precária	Precária	Média	Baixa	Alta	Baixa Garantia
São João do Paraíso	Baixa	Alta	Precária	Boa	Alta	Média Garantia
São João Evangelista	Baixa	Média	Precária	Precária	Alta	Baixa Garantia
São João Nepomuceno	Alta	Média	Baixa	Baixa	Precária	Média Garantia
São Joaquim de Bicas	Baixa	Precária	Precária	Precária	Média	Baixa Garantia
São José da Barra	Alta	Média	Alta	Baixa	Boa	Boa Garantia
São José da Lapa	Média	Baixa	Baixa	Média	Média	Média Garantia
São José da Safira	Precária	Média	Baixa	Baixa	Precária	Baixa Garantia
São José da Varginha	Média	Alta	Baixa	Média	Alta	Boa Garantia
São José do Alegre	Boa	Alta	Boa	Alta	Baixa	Boa Garantia
São José do Divino	Precária	Alta	Média	Média	Precária	Média Garantia
São José do Goiabal	Baixa	Precária	Média	Precária	Média	Baixa Garantia
São José do Jacuri	Baixa	Alta	Precária	Alta	Alta	Boa Garantia
São José do Mantimento	Baixa	Boa	Média	Precária	Boa	Média Garantia
São Lourenço	Alta	Média	Boa	Boa	Precária	Média Garantia
São Miguel do Anta	Média	Alta	Baixa	Média	Precária	Média Garantia
São Pedro da União	Média	Boa	Alta	Alta	Média	Boa Garantia
São Pedro do Suaçuí	Baixa	Boa	Baixa	Alta	Alta	Boa Garantia
São Pedro dos Ferros	Baixa	Precária	Média	Média	Média	Baixa Garantia
São Romão	Precária	Baixa	Média	Baixa	Baixa	Baixa Garantia

ANEXO II
INDICADORES DE DIREITOS HUMANOS EM MINAS

Município	Dimensão Socioeconômica	Dimensão Violência	Criança e Adolescente	Dimensão Mulher	Dimensão Negro	Média Geral
São Roque de Minas	Alta	Precária	Alta	Boa	Precária	Média Garantia
São Sebastião da Bela Vista	Média	Boa	Média	Baixa	Boa	Média Garantia
São Sebastião da Vargem Alegre	Baixa	Precária	Alta	Alta	Alta	Boa Garantia
São Sebastião do Anta	Precária	Boa	Precária	Alta	Média	Média Garantia
São Sebastião do Maranhão	Precária	Baixa	Média	Boa	Boa	Média Garantia
São Sebastião do Oeste	Boa	Alta	Alta	Boa	Alta	Alta Garantia
São Sebastião do Paraíso	Alta	Boa	Boa	Média	Precária	Média Garantia
São Sebastião do Rio Preto	Baixa	Alta	Baixa	Alta	Alta	Boa Garantia
São Sebastião do Rio Verde	Boa	Boa	Alta	Alta	Boa	Boa Garantia
São Thomé das Letras	Baixa	Baixa	Alta	Boa	Alta	Boa Garantia
São Tiago	Boa	Alta	Baixa	Alta	Precária	Média Garantia
São Tomás de Aquino	Boa	Precária	Alta	Boa	Precária	Média Garantia
São Vicente de Minas	Boa	Média	Média	Baixa	Baixa	Média Garantia
Sapucaí-Mirim	Boa	Boa	Boa	Baixa	Baixa	Média Garantia
Sardoá	Baixa	Baixa	Alta	Boa	Baixa	Média Garantia
Sarzedo	Boa	Precária	Média	Boa	Alta	Média Garantia
Sem-Peixe	Baixa	Média	Baixa	Alta	Alta	Média Garantia
Senador Amaral	Média	Boa	Boa	Boa	Boa	Boa Garantia
Senador Cortes	Média	Média	Média	Média	Boa	Média Garantia
Senador Firmino	Baixa	Baixa	Boa	Alta	Baixa	Média Garantia
Senador José Bento	Alta	Alta	Alta	Boa	Alta	Alta Garantia
Senador Modestino Gonçalves	Precária	Alta	Média	Alta	Boa	Boa Garantia
Senhora de Oliveira	Baixa	Média	Boa	Boa	Baixa	Média Garantia
Senhora do Porto	Precária	Alta	Alta	Média	Baixa	Média Garantia
Senhora dos Remédios	Média	Alta	Alta	Baixa	Baixa	Média Garantia
Sericita	Baixa	Alta	Baixa	Baixa	Precária	Baixa Garantia
Seritinga	Média	Média	Boa	Baixa	Alta	Média Garantia
Serra Azul de Minas	Precária	Baixa	Precária	Média	Alta	Baixa Garantia
Serra da Saudade	Alta	Média	Alta	Alta	Boa	Boa Garantia
Serra do Salitre	Boa	Precária	Baixa	Boa	Boa	Média Garantia
Serra dos Aimorés	Precária	Precária	Precária	Precária	Média	Precária Garantia
Serrania	Alta	Média	Alta	Baixa	Média	Boa Garantia
Serranópolis de Minas	Precária	Alta	Alta	Baixa	Alta	Boa Garantia
Serranos	Média	Boa	Alta	Boa	Boa	Boa Garantia
Serro	Precária	Baixa	Baixa	Precária	Boa	Baixa Garantia
Sete Lagoas	Boa	Precária	Boa	Precária	Baixa	Baixa Garantia
Setubinha	Precária	Média	Precária	Precária	Média	Baixa Garantia
Silveirânia	Boa	Média	Boa	Média	Boa	Boa Garantia
Silvianópolis	Boa	Boa	Média	Alta	Média	Boa Garantia
Simão Pereira	Média	Média	Baixa	Baixa	Média	Média Garantia
Simonésia	Média	Alta	Boa	Alta	Alta	Boa Garantia
Sobrália	Baixa	Precária	Média	Baixa	Média	Baixa Garantia
Soledade de Minas	Boa	Média	Baixa	Média	Precária	Média Garantia
Tabuleiro	Média	Precária	Boa	Baixa	Média	Média Garantia
Taiobeiras	Baixa	Precária	Precária	Média	Boa	Baixa Garantia
Taparuba	Baixa	Alta	Média	Baixa	Alta	Média Garantia
Tapira	Boa	Baixa	Média	Precária	Alta	Média Garantia
Tapiraí	Boa	Alta	Média	Boa	Alta	Boa Garantia
Taquaraçu de Minas	Média	Alta	Precária	Média	Alta	Média Garantia
Tarumirim	Baixa	Precária	Média	Boa	Alta	Média Garantia
Teixeiras	Média	Precária	Precária	Média	Precária	Baixa Garantia
Teófilo Otoni	Média	Precária	Precária	Baixa	Baixa	Baixa Garantia
Timóteo	Alta	Boa	Média	Baixa	Precária	Média Garantia
Tiradentes	Boa	Precária	Baixa	Precária	Boa	Baixa Garantia
Tiros	Alta	Precária	Boa	Média	Média	Média Garantia
Tocantins	Boa	Baixa	Média	Boa	Precária	Média Garantia
Tocos do Moji	Média	Alta	Boa	Baixa	Alta	Boa Garantia
Toledo	Média	Alta	Boa	Alta	Baixa	Boa Garantia

Município	Dimensão Socioeconômica	Dimensão Violência	Criança e Adolescente	Dimensão Mulher	Dimensão Negro	Média Geral
Tombos	Alta	Média	Baixa	Alta	Precária	Média Garantia
Três Corações	Alta	Precária	Alta	Alta	Precária	Média Garantia
Três Manas	Alta	Precária	Média	Baixa	Boa	Média Garantia
Três Pontas	Alta	Baixa	Boa	Média	Baixa	Média Garantia
Tumiritinga	Baixa	Boa	Boa	Baixa	Baixa	Média Garantia
Tupaciguara	Alta	Baixa	Baixa	Baixa	Precária	Baixa Garantia
Turmalina	Baixa	Precária	Precária	Precária	Boa	Baixa Garantia
Turvolândia	Boa	Boa	Boa	Boa	Média	Boa Garantia
Ubá	Alta	Precária	Baixa	Boa	Precária	Média Garantia
Ubaí	Precária	Alta	Precária	Média	Boa	Média Garantia
Ubaporanga	Baixa	Alta	Baixa	Baixa	Alta	Média Garantia
Uberaba	Alta	Precária	Baixa	Baixa	Precária	Baixa Garantia
Uberlândia	Alta	Baixa	Média	Baixa	Precária	Média Garantia
Umburatiba	Precária	Boa	Precária	Precária	Alta	Baixa Garantia
Unaí	Alta	Baixa	Alta	Média	Média	Boa Garantia
União de Minas	Boa	Média	Precária	Precária	Precária	Baixa Garantia
Uruana de Minas	Baixa	Média	Alta	Média	Alta	Boa Garantia
Urucânia	Baixa	Baixa	Precária	Boa	Média	Baixa Garantia
Urucuia	Baixa	Baixa	Boa	Precária	Boa	Média Garantia
Vargem Alegre	Baixa	Boa	Média	Baixa	Boa	Média Garantia
Vargem Bonita	Alta	Precária	Alta	Alta	Boa	Boa Garantia
Vargem Grande do Rio Pardo	Precária	Média	Baixa	Precária	Alta	Baixa Garantia
Varginha	Alta	Precária	Alta	Baixa	Precária	Média Garantia
Vagão de Minas	Média	Precária	Alta	Boa	Média	Média Garantia
Várzea da Palma	Baixa	Precária	Baixa	Precária	Baixa	Baixa Garantia
Varzelândia	Precária	Média	Precária	Boa	Alta	Média Garantia
Vazante	Alta	Alta	Alta	Precária	Precária	Média Garantia
Verdelândia	Precária	Média	Baixa	Baixa	Alta	Média Garantia
Veredinha	Baixa	Boa	Boa	Precária	Alta	Média Garantia
Veríssimo	Boa	Alta	Precária	Precária	Média	Média Garantia
Vermelho Novo	Baixa	Boa	Média	Alta	Boa	Boa Garantia
Vespasiano	Média	Precária	Precária	Precária	Baixa	Baixa Garantia
Viçosa	Boa	Precária	Baixa	Média	Precária	Baixa Garantia
Vieiras	Média	Alta	Alta	Boa	Precária	Boa Garantia
Virgem da Lapa	Baixa	Alta	Média	Precária	Baixa	Média Garantia
Virgínia	Média	Alta	Alta	Média	Boa	Boa Garantia
Virginópolis	Média	Precária	Precária	Baixa	Baixa	Baixa Garantia
Virgolândia	Baixa	Média	Baixa	Baixa	Alta	Média Garantia
Visconde do Rio Branco	Alta	Baixa	Baixa	Média	Precária	Média Garantia
Volta Grande	Baixa	Média	Precária	Boa	Média	Média Garantia
Wenceslau Braz	Boa	Alta	Alta	Boa	Alta	Alta Garantia

Esta obra foi composta em fonte Palatino Linotype, corpo 10
e impressa em papel Offset 75g (miolo) e Supremo 250g (capa)
pela Laser Plus Gráfica, em Belo Horizonte/MG.